厂部长培训手册

工場長養成塾
ハンドブック

〔日〕**名古屋工业大学厂长培训部** 编
健峰企管集团TPS小组 译　　**叶斯水** 监修

复旦大学出版社

序

在激烈的竞争环境下,企业只有把提升品质、提升效率、降低成本等工作做好,才有生存的空间。日本丰田汽车、日本电装公司,在这方面做得相当好,可说是业界的楷模标杆。它们之所以能够成功,要归功于有一群优秀卓越的人才,尤其是厂部长人才。但是日本的优秀卓越厂部长人才也都是自己企业训练培育出来的,不是挖角过来的。因此,日本名古屋工业大学就挑起重担专门为日本企业培育厂部长人才,特别举办了厂长培训班。

他们特别聘请日本丰田汽车、日本电装公司等卓越企业的厂长来担任讲师,传授教导成为世界一流厂长、部长的方法秘诀。这一厂长培训班在日本已经举办过许多届,培育了数百位优秀厂长,绩效卓越,颇受佳评。

序

台湾健峰企管集团与日本名古屋工业大学签订策略联盟,有紧密合作关系,因此特别引进这套非常成功的厂部长培训课程,并聘请原班讲师团队到国内传授指导,希望快速提升厂部长们的经营管理实力,进而带领自己的企业迈向国际一流的管理水平。

鉴于这一培训班的课程内容、讲义教材非常地珍贵实用,故特别邀请健峰TPS小组翻译成中文,并获得日本名古屋工业大学的授权,出版发行,与国内广大读者分享,希望对国内的厂部长培育有所助益。

本课程得以顺利开办,要特别感谢名古屋工业大学大学院工学研究科教授兼工厂长养成塾塾长仁科健先生与名古屋工业大学大学院工学研究科教授小竹畅隆先生的热心协助、全力促成。

台湾健峰企管集团

董事长 叶斯水 谨识

2012年10月

前言

　　本书是参照名古屋工业大学开办的"厂长培训班"的教材改编而成的。"厂长培训班"于2007年第一次开班,并且,在开班前得到多方的帮助才得以顺利开办。"厂长培训班"集结了产官学相关人员的睿智,托大家的福,得到了好评。来参加学习的不仅有汽车相关的行业,还有来自各行各业期待能够管控现场并有问题意识的人们。

　　尽管此课程仅针对东海地区(日本本州中部临太平洋一侧的区域——译注)招生,没想到竟受到其他区域很多人的关心。鉴于此,我们决定出版本书,希望能将"厂长培训班"的部分精髓传授给难以出席讲座的各位。

　　如能让大家把它作为生产制造现场

的基本指南来参考,我们将深感荣幸。

以"厂长培训班"的"第一次课程"为例,要参加长达半年、23天、146个小时的学习(详情请参照"厂长培训班"主页)。

和以往的讲座相比较,本课程最大的不同点在于:它不仅仅是讲座学习,也不仅仅是实践课程中所提及的内容,而是被称为"在现场培养人"。厂长培训班将这一思想在项目中体现得淋漓尽致。然而,和教科书一样的现场是不存在的。因此,一定要将学到的东西在现场进行尝试,亲身体验在现场的成功与失败,不断积累现场经验,这样才能培养出洞察力、思考力、行动力。

敬请各位亲自实践一下书中的内容,只有彻底实践才能够确信自己已掌握书中的精髓。

厂长培训班的目标

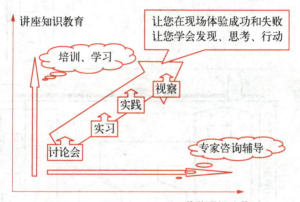

融入培训班的理念="在现场培养人"

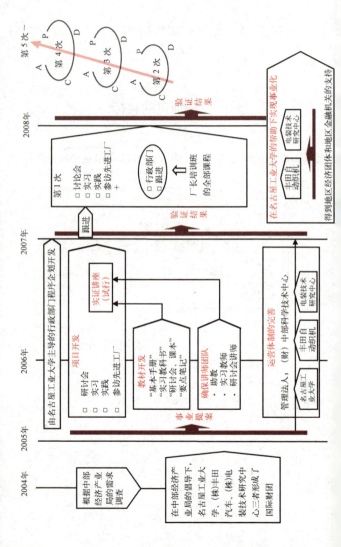

本书的结构

本书的结构如下：

第一章　"厂长应具备什么"是指厂长应具备的思想和基本条件。希望大家无论何时都不要忘记这点，因为这是成为厂长的基本条件。

第二章　"构建吸引人的工厂"是指整理工厂环境的各要素。在推行高附加值的产品制造时，这是非常重要的部分。

第三章　"达成今天的生产"是指，从准备到管理的生产过程中，厂长的工作要追着时间完成。

第四章　"面向未来的改善"中总结了改善的基础和各种启发要素。

第五章 "培养创造未来的人才"主要讲述了管理者自身的自我启发和培养部下的要点。

本书将协助工厂经营向今天、明天、未来不断提升。

本书阅读方法

左

在 现场 "看"

如遇到书中提到的内容,当场打开书本看右边的内容。

1

整理公司大厅周围,呼吁制造应有的态度了吗?

公司大厅周围是决定工厂形象的地方。

公司大厅或公司的入口是顾客最先看到的极其重要的地方。从这里就能最先判断这是不是一家教育、管理周密的工厂。

第一印象的好坏决定对工厂的整体印象。

46

- 这是达成理想工厂所必备的项目。
- 此为各项目的标题,是必需掌握的重点内容。
- 反复阅读此部分内容,让脑袋吸收,并认真实践。

右

按 步骤 认真 "阅读" "检查"

这是左边内容的延伸。请认真阅读，加深理解。

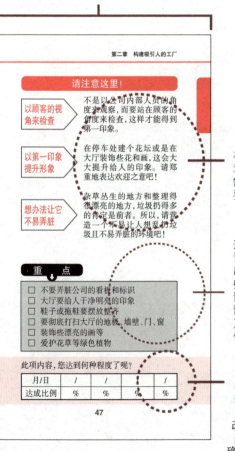

第二章 构建吸引人的工厂

请注意这里！

以顾客的视角来检查	不是以公司内部人员的角度来视察，而要站在顾客的角度来检查，这样才能得到第一印象。
以第一印象提升形象	在停车处建个花坛或是在大厅装饰些花和画，这会大大提升给人的印象。请郑重地表达欢迎之意吧！
想办法让它不易弄脏	杂草丛生的地方和整理得很漂亮的地方，垃圾扔得多的肯定是前者。所以，请营造一个不易让人想乱扔垃圾且不易弄脏的环境吧！

重 点

- ☐ 不要弄脏公司的看板和标识
- ☐ 大厅要给人干净明亮的印象
- ☐ 鞋子或拖鞋要摆放整齐
- ☐ 要彻底打扫大厅的地板、墙壁、门、窗
- ☐ 装饰些漂亮的画
- ☐ 爱护花草等绿色植物

此项内容，您达到何种程度了呢？

月/日	/	/	/	/
达成比例	%	%	%	%

47

在开展本章内容时，需注意的要点。

这里主要记录文中出现的一些专业用语、缩略语的意思及其相关信息。

请将各项目的达成率填入此表，给自己一定的改善时间，然后再次确认达成率。

目录

第一章 厂长应具备什么? …… 1
厂长的职责 …… 6
厂长须知 …… 22

第二章 构建吸引人的工厂 …… 39
提升工厂形象 …… 44
提高工厂管理品质 …… 64
营造有活力的现场 …… 82

第三章 达成今天的生产 …… 91
进行生产前 …… 96
决定生产前需做的准备 …… 110
进行生产 …… 118
生产管理 …… 134

第四章　面向未来的改善 ······ 149
构筑Just In Time的世界 ······ 156
创造高效率的工作方式 ······ 178

第五章　培养创造未来的人才 ······ 207
提高厂长的技能 ······ 212
提高现场力的人才培养 ······ 222
构建能培养员工干劲的职场 ······ 232

后　记 ······ 240

附　录 ······ 242

第一章

厂长应具备什么?

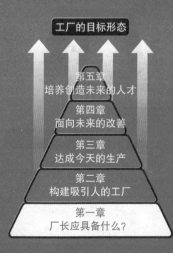

厂长的职责

厂长须知

塚本厂长

平时很温和,生气时很可怕。非常注重"和",人品好,很受欢迎。

第一章 厂长应具备什么?

INDEX

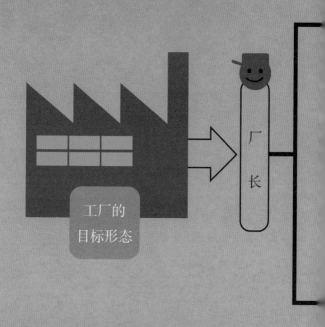

工厂的目标形态

厂长的职责

1. 您必须拥有作为厂长的思想准备并尽到厂长的责任
2. 构建一个能确保安全的工作环境
3. 产品制造要以"100%良品"为大前提
4. 灵活运用人、财、物等经营资源
5. 要时常有"Input＜Output"的认识
6. 谋求工厂内外的和谐
7. 工厂的生产需要根据未来规划按计划进行

厂长须知

8. 询问员工为了什么而工作,并且让他们认真思考这个问题
9. 让员工从工作的成功中体会成就与感动
10. 绝对不允许违反规章制度
11. 端正自己的工作态度,给部下树立榜样
12. 激发员工的干劲和工作热情
13. 构建一个能让员工觉得工作很愉快的职场
14. 善待机器和工具

第一章

厂长应具备什么？

厂长的职责

工厂是做什么的地方？身为厂长的您应该如何做才行？对于这些问题，您有信心解释说明一下吗？

提高利润、生产优质的产品只不过是一方面而已。

工厂也是社会的一员，有通过企业活动为社会作贡献的责任。以生产出让客户满意的产品来提高利润是工厂的使命。所以，灵活驾驭各种资源配置，实现以上生产方式，才是厂长的职责所在。

1

您认识到何为厂长的职责并尽到厂长的责任了吗?

!! 您必须拥有作为厂长的思想准备并尽到厂长的责任。

工厂是生产用来销售的产品的地方。因此,工厂必须按照让顾客满意的品质、价格、交期等来生产客户所要求的产品,并追求合法的利润。实现像这样的生产制造现场,为经营作出贡献是厂长的职责。

第一章 厂长应具备什么？

请注意这里！

确保安全
机器出现故障、破损可以修理，产品上带有伤痕可以重做。但是，人的身体是不能这样的。人是生产资源中最重要的，因此，应把确保安全放在第一位。

确保品质
营业、设计、制造、检查等所有部门通力合作，其中生产制造现场，要决定规则并遵守，再进一步维持和改善，将品质融入生产的每一个环节，这才是确保品质的前提。

遵守交期
严守交期是基本中的基本。不管如何严苛的交期，一旦接受了订单就必须切实遵守。

有成本意识
追求高品质是很重要的。如果一味地追求降低成本，则只会本末倒置。合法地提高利润，让公司传承、发展，保障员工的生活，这才是经营之本。

重　点

在追求稳健的工作时，您注意自己的头脑、身体以及心理的健康状况了吗？

此项内容，您达到何种程度了呢？

月/日	/	/	/	/
达成比例	%	%	%	%

2

您为员工构建了一个能让他们安心工作的环境了吗?

!! 构建一个能确保安全的工作环境。

产品制造是由人来负责的。

在经营资源中,最重要的必定是"人"。

要让每个人都能安心地工作,确保安全是绝对条件。

认真地制定出预防灾害的规则,让每个人都养成遵守规则的习惯。

请注意这里！

具备安全三原则

为确保安全，必须具备以下"安全三原则"：
1. 车间的"整理、整顿"
2. 为确保正确操作而制定的"标准作业"
3. 设备的"点检、维护"

提高环境水平

综合考虑温度、噪声、照明等因素，构建舒适的工厂环境，这对防范人为错误也能发挥重要作用。

绝对遵守规则

造成人员受伤的原因有：不按规定的标准操作、规定不清晰等造成不安全的操作。机器有问题时，要鼓励员工"一、停止，二、拉响警报，三、等待"。处理问题时，要遵守"一、断开开关，二、不直接伸手，三、保持安全距离"。如果看到未遵守之处，要严厉指出并进行教育。

养成遵守的习惯

重点是，见到"危险万分"的行动时，要立即当场纠正。平时就要让员工严格遵守规定，同时还要苦口婆心地进行教导，不能一味地责备。

此项内容，您达到何种程度了呢？

月/日	/	/	/	/
达成比例	%	%	%	%

为了让客户满意，您所采取的措施足够完善吗？

!! 产品制造要以"100%良品"为大前提。

要让顾客满意，确保产品全部是良品是绝对条件。

万一生产线上出现不良品，如不能100%防止不良品从工厂流出，则不能称为做到了产品制造的基本要求。

第一章 厂长应具备什么？

请注意这里！

从源头杜绝不良

首先，要有万全的准备，以避免制造不良品。请认真检查是否做好了以下准备：能够保证画面的准确性和设备的精确度；制作出已设定好加工条件的作业标准书；形成正确的教育方法。以上这些正是迈向"100%良品"的第一步。

不断改善工作，直至不制造不良品

作业（包括应对异常情况）的重点是要按照规则进行。通过仔细观察，不断改善难操作或难遵守的作业规则。

用自己的双眼确认导致不良的原因

虽然以"100%良品"为目标，但因各项条件不同，偶尔也会发生不良。在查明"为什么会发生不良""为什么不能遵守规则"等原因时，不是光靠从各工序现场所得到的数据就够了，重点是要观察、判断和解决现场中存在的问题。

重　点

目视化

决定能决定之事，并严格遵守决定之事，便可看见有保证的品质
一定要看到须遵守的规定

此项内容，您达到何种程度了呢？

月/日	/	/	/	/
达成比例	%	%	%	%

4

灵活运用各种经营资源,并使其发挥最大成效了吗?

!! 灵活运用人、财、物等经营资源。

若要达到经营企业"应有"的态度,厂长就必须不断探讨如何才能最大限度地灵活运用各种经营资源。

要在切实掌握各项资源状况的基础上,制定出能"扬长避短"的战略。

第一章 厂长应具备什么?

请注意这里!

培养有观察力的双眼
与其想改掉每个人的缺点,倒不如找到他们的优点并发扬之,如此方能实现"适材适所"的配置。管理者经常抱怨"都是部下的错",其实并不是真的是部下的错,很多情况下是抱怨者本人的错。在运用人力时,要培养一双不误判的慧眼。

通过改善和窍门来控制设备费用
在购买机器设备时,不要被制造商的解说所迷惑,而要认真思考是否真的需要这样的功能。想要的功能自己能制造吗?通过改善和各种窍门能达到目的吗?在考虑购买新设备前,请先检讨一下:如果是自己出钱,还会购买吗?

实施完善的管理
要做到灵活运用经营资源,请从切实掌握其实态,并实施完善的管理开始。管理方法因经营资源的不同而不同,但从战略方面而言,月度总结都是必需的。

此项内容,您达到何种程度了呢?

月/日	/	/	/	/
达成比例	%	%	%	%

5

您的经营方式,能确保利润吗?

!! 要时常有"Input＜Output"的认识。

如不能确保利润,工厂就无法生存。

因此,努力降低成本是必然的。所谓努力降低成本,就是指控制其他一切不必要的投资。

厂长也是工厂的经营者。

请注意这里!

有附加值 — 应该没有人想要未经加工的铁矿石吧?但如果用它加工成汽车,变为对大家有用的东西,便会产生需求。类似地,大家会期待经工厂加工后,生产出有附加值的产品。

降低成本 — 在生产制造中,寻找工具、搬运材料等动作不会产生附加价值。只有彻底的降低成本才能确保利润。

有效率的作业 — 其实,产品真正的加工时间是很短暂的,大部分时间都是在搬运东西、安装机器、测量等。也许这些工作是不可缺少的,但重点是要消除这些时间,并将它变成有效时间。

根据需要进行生产 — 根据客户的需求,将买来的原材料或零件变成他们所需要的样子或形状,这是工厂的使命。如果生产太多,卖不出去,就不能称之为按要求生产,只能说是造成资金积压。

重 点

利润=售价-成本

此项内容,您达到何种程度了呢?

月/日	/	/	/	/
达成比例	%	%	%	%

6

您和工厂相关部门、顾客及社会之间建立了良好的关系吗?

!! **谋求工厂内外的和谐。**

工厂是靠公司内部的大多数部门、公司外部的相关企业、老客户以及购买产品的顾客支撑着的。

切记:工厂能够顺利运行是托这些人的福,请与他们保持良好的关系吧!

第一章 厂长应具备什么?

请注意这里!

和相关部门的交流
销售部随意接受订单,经理不确认备用品的采购状况……每天向相关部门传达工厂的状况了吗?积极开始行动,谋求顺利交流。

切实了解客户的需求
如果不能准确掌握顾客的需求,势必会造成工作浪费。不依靠营业部门,制造部的管理人员直接与客户见面也会有效果。

面向社会扩大视野
工厂是通过作为社会的一员开展活动而成立的。工厂在生产过程中所使用的资源(人、财、物)也有部分是社会整体资源财产。厂长必须了解工厂的社会立场,必须敏锐地抓住社会的动态。

重　点

在客户的需求中,已被忽略但又必须重新审视的工作

- 在镀金属涂层时,有空气进入
- 加工公差
- 表面粗糙
- ……

此项内容,您达到何种程度了呢?

月/日	/	/	/	/
达成比例	%	%	%	%

7

您是根据企业的长、中期计划,展开工厂生产的吗?

!! 工厂的生产需要根据未来规划按计划进行。

工厂的生产不能只以改善现状来开始或结束,至少要看到5年后的发展。因为这是减少时间、成本等资源浪费的捷径。

请注意这里！

首先，请让物品流动

在工厂中，最重要的就是让物品流动的相关配置。请确认您的工厂是否能做到让待加工的物品顺利流动。

制定长远计划

比如，在建设新的生产线时，要将以后是否会增加生产线等情况考虑进去。如果一开始就没有多余的空间，以后如果需要实行大的改善的话，可能就要花费大量的金钱了。

按计划投入人才

在设计新的生产线时，这一生产线的负责人就要负责设备规划、试运行等事项，直至生产线顺利投产，所以一定要有计划地展开人才投入。如果能尽早让负责人学会设备操作方法等内容，生产体制的建立也将变得更顺畅。

重点

有计划地转动PDCA循环，并将此循环圈越转越大

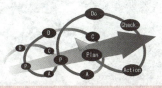

此项内容，您达到何种程度了呢？

月/日	/	/	/	/
达成比例	%	%	%	%

第一章

厂长应具备什么?

厂长须知

厂长既是一位保护工厂的父亲,又是一位养育工厂的慈母。

在身为厂长的您的指导下,工厂既有稳定、迅速茁壮成长的时候,当然也有因不景气等原因而停滞不前的时候吧。

因而,最重要的是,要怀有"让工厂好起来"的抱负。

正因为您尽到了厂长的职责——对工厂有很深的感情、有耐心且尽心尽力,所以,您的工厂一定会得到进一步成长。

问员工"为了什么而工作"了吗？

!! 询问员工为了什么而工作，并且让他们认真思考这个问题。

"想要钱"只是为了"能得到某些东西"，而所谓的"某些东西"是为了能够得到幸福。

因此，要通过教导员工努力工作，让他们自己能够认识到劳动的目的，从而引发他们的工作欲望。

第一章 厂长应具备什么?

请注意这里!

在初次见面时的第一声问候

在迎接新人时,请最先提这个问题吧!员工刚开始就业时,正是教导他们做好认真工作之心理准备的最佳时机。有些人不断轻易地换工作,是因为不明确自己工作的目的。

欲望通往幸福

在教育员工时,把名为"想要"的欲望换成"幸福"这个词。并且,有逻辑性地教导员工:"为得到幸福而从事能赚钱的好工作是要付出代价的。"

自我认识发芽时

比如,正因为您这样教育员工:"这颗螺丝松了的话,可能会出大事的",所以,员工会萌生出被委以重任的责任感。适度的压力能够带来"高品质的工作"和干劲。

重 点

请试着问员工:你是为什么而工作?

- □ 为社会 ——— □ 做事的意义
- □ 为别人 ——— □ 晋升
- □ 为自己 ——— □ 稳定的生活

此项内容,您达到何种程度了呢?

月/日	/	/	/	/
达成比例	%	%	%	%

让员工体会到工作的感动了吗？

!! 让员工从工作的成功中体会成就与感动。

工作的感动，是在挑战困难并获得成功时才能感受到的。

要这样教导员工："真正成功时你会情不自禁地用力向上举起双手，并且只有不断积累像这样的成功之感，才能向更高的目标挑战。"

第一章 厂长应具备什么?

请注意这里!

让他们设定目标

不要强行给员工设定目标,而要让他们自己给自己设定目标,这样才有意义。目标一旦确定,就要想办法使其耐心地为达成目标而努力。并且,在他们达成目标时,一定要给予评价。

请让他们设定偏高的目标

如果目标很容易达成,则不会让人感到强烈的成就感。所以,应该结合作业人员的实际水平,逐渐让他们把目标设定得偏高一些。当他们遇到问题停滞不前或者有事找您商量时,不要直接回答,而是给他们一些线索。另外,当问题很复杂或很难解决时,请和他们一起思考。

要养成做到底的习惯

完成某事所获得的感动,只有人的"心"才能感受到。感动能够提高工作的完成进度。努力教导并培育大家的"心"也是厂长的职责。

重 点

能取得好成果并且能让大家不断努力的目标设定方法

- ☐ 目标要有一定的难度
- ☐ 要具体
- ☐ 要本人能够接受
- ☐ 要做成果反馈

此项内容,您达到何种程度了呢?

月/日	/	/	/	/
达成比例	%	%	%	%

10

您有自信挺起胸膛说:"我在做正确的事情"吗?

> **!!** 绝对不允许违反规章制度。

"差不多"这样的态度,会损害公司形象,严重时会导致丧失信用。所以,请遵纪守法,在亲人朋友面前也能挺起胸膛,自信地谈论自己的工作。

第一章 厂长应具备什么？

请注意这里！

指导时，举具体案例 因违反法律而倒闭的企业不胜枚举。为什么一定要遵纪守法呢？请举例说明。

整理好规章制度或手册指南 请整理好公司规章制度、业务操作指南等内容，并对全员进行教育，以便各项规章制度彻底贯彻，落实到位。

遵守礼节 请教育员工不要做违反社会道德的事，即便它并没有违法。

重　点

希望特别注意：

- 窜改数据
- 从工厂排放出危害物
- 虚假报告
- 在废弃物中混入异常物品
- 噪声

此项内容，您达到何种程度了呢？

月/日	/	/	/	/
达成比例	%	%	%	%

对自己投身于工作的姿态充满自信吗？

!! 端正自己的工作态度，给部下树立榜样。

身为厂长的您，要通过发言、表明态度等方式向员工传达您的人生观。同时，要让这成为您的日常工作。

因为"部下是看着您的背影培养出来的"。

第一章　厂长应具备什么？

请注意这里！

反省平时的自己
在教育前,请认真反思自己的言行举止吧！比如：表里是否一致？言行举止是否虚假或自相矛盾？因为您在各种场合都会被人评论。

部下是您的镜子
如果希望全员有干劲,那么厂长自己必须有干劲且充满热情地工作。如果希望提高全员的责任感,就必须提高自己的责任感。如果因部下的原因而不能完成工作时,要记住那都是您的责任。

让员工看着您的背影
在培养管理人员时,教育不是唯一的方法。请给自己设定目标："我要成为像这样的管理人员。"

此项内容,您达到何种程度了呢?

月/日	/	/	/	/
达成比例	%	%	%	%

让每个人都能感受到自己的存在了吗?

!! 激发员工的干劲和工作热情。

工作就是团队合作。在激发大家（无论男女老少）的工作热情时,要体谅每个人都希望"发出光芒"的心情,让每个人都充满干劲。

请注意这里!

培养存在感 → 因工作而受到表扬或者得到大家的认可时的心情能培育出存在感。认真观察员工的工作情况,不要错失让他感觉到自己存在的机会。

培养信任感 → 如果您不是一位能让人信任的上司,即使得到您的表扬也不会令人觉得开心。所以,在培养员工的存在感时,身为上司的您必须努力让自己成为一个能让员工信任的人。

寻找长处并发扬之 → 每个人都有自己的长处。发扬他的长处远比批评他的短处效果好。

重点

让员工获得存在感的要点

- □ 即使有令人不满意的部分也不要着急,要忍耐(回想一下自己当部下的时候)
- □ 听即是等待(对方开口前不要说话,而且要比对方说的话少)
- □ 倾听时应有的态度:点头、应和(这能让对方知道您在认真地听他说话)

此项内容,您达到何种程度了呢?

月/日	/	/	/	/
达成比例	%	%	%	%

构建了一个能留在人心底的职场了吗?

!! 构建一个能让员工觉得工作很愉快的职场。

因为在职场中的心情是由人际关系决定的,所以让我们一起来建设一个人际关系和谐,大家都觉得"在这工作很愉快"的职场环境吧!

第一章 厂长应具备什么？

请注意这里！

试试换位思考

"厂长自己也会为自己的工厂感到骄傲吗？会让您自己的孩子来这工作吗？"请试着从这个角度来考虑一下吧。

带着对员工的爱去批评才能被认可

"如果说话很严厉的话，员工会辞职的，所以不能责骂、批评员工。"——这种观点是错误的。因为能够正确批评指导下属的上司将受到下属的尊重和认可。但是，在责骂或批评后，一定要表达出您对员工的关爱。

并不是"我和职场"，而应该是"我的职场"

如果每个部下的心都是不一的，那么绝对不能够形成良好的人际关系。请不要说"我和职场"，而要让大家都说"我的职场"。

重 点

被称为"我的职场"的职场

- ☐ 能够看到自己做的事情
- ☐ 自己做的事情散布于职场中
- ☐ 自己的智慧或改善提案被采纳
- ☐ 想着我的机器
- ☐ 开展品管圈等活动，提升成果
- ☐ 一起分享职场中的大事件
- ☐ 通过提案制度等，让每个人都能成为主角

此项内容，您达到何种程度了呢？

月/日	/	/	/	/
达成比例	%	%	%	%

教导"爱我的机器"之精神了吗?

!! 善待机器和工具。

前辈曾经教育我们:"不爱惜自己所使用的机器和工具的人,不能成为优秀的员工。"优秀的员工是指能制造出优质产品的人。对此,我们现在仍然受益匪浅。

第一章　厂长应具备什么？

请注意这里！

达人也是保养高手	要生产出优质的产品，就必须拥有在详细了解机器的精度和性能的基础上使用机器的技能。拥有这种使用技能的达人，即使在机器保持正常状态时，对于每天的修理、保养工作也不会懈怠。
知道机器的细微变化	如果每天都能很仔细地保养机器，那么只要机器有一点点漏油都能马上发现。日常无微不至的照顾，就像人的健康诊断一样能够防范大病。
规定负责人	即便是像交换岗位等那样要共同使用、收拾机器和工具的车间，也要和"每个人都要做的4S"一样规定负责人。这样才能让每个人都有责任感和爱惜之情。

重　点

改变一整天的观察重点

机器运转前	漏油等
机器运转中	震动、烟、声音等
机器运转后	热等

此项内容，您达到何种程度了呢？

月/日	/	/	/	/
达成比例	%	%	%	%

第二章
构建吸引人的工厂

工厂的目标形态

第五章
培养创造未来的人才

第四章
面向未来的改善

第三章
达成今天的生产

第二章
构建吸引人的工厂

第一章
厂长应具备什么?

吉田厂长

工作麻利,性格有些粗枝大叶。很开朗,让人觉得很可靠,像位慈祥的母亲一样。

第二章 构建吸引人的工厂

INDEX

提升工厂形象

④ 以问候来评价企业体质
⑤ 接待客户的能力会影响客户对公司的印象
⑥ 请表现出对产品制造的态度和对产品的感情
⑦ 通道、地面是整理、整顿的标志
⑧ 要为员工的健康考虑，整顿工作环境
⑨ 脏兮兮的工作服是工作不佳的证据

① 公司大厅周围是决定工厂形象的地方
② 请宣传企业信息吧
③ 表达欢迎之意会给人留下好印象

START

提高工厂管理品质

⑩ 工厂管理的基础是4S
⑪ 请制作让大家齐心协力的口号
⑫ 各项记录都准确的管理图更易发现异常
⑬ 作业目标或现状要做到"目视化",让大家都能共享
⑭ 工厂管理的第一步:物品存放处实行"目视化"
⑮ 对作业的进度实行"目视化"
⑯ 要发现废料(油)的异常,重点是实行集中管理
⑰ 降低废料的第一步就是进行彻底分类

营造有活力的现场

⑱ 4S的动力来自大家饱满的精神和合作
⑲ 休息室环境的好坏直接影响到员工的精神和面貌
⑳ 对工作的热情和骄傲是从动作中表现出来的

第二章

构建吸引人的工厂

提升工厂形象

若想抓住良机赢得信誉和利润,那么不管何时何地都要给人留下好的印象。因此,从日常开始准备是很重要的。

首先,请以顾客的视角在工厂中走一遍吧!

工厂的出入口或周围是否放置着不需要的物品呢?

公司大厅和厕所打扫干净了吗?

制造产品的态度和作业现场能展现工厂的全貌。

因此,只有将精神文化渗透到每个角落的工厂方可称为吸引人的工厂。

1

整理公司大厅周围,呼吁制造应有的态度了吗?

!! 公司大厅周围是决定工厂形象的地方。

公司大厅或公司的入口是顾客最先看到的极其重要的地方。从这里就能最先判断它是不是一家教育、管理周密的工厂。

第一印象的好坏决定对工厂的整体印象。

请注意这里！

以顾客的视角来检查
不是以公司内部人员的角度来观察，而要站在顾客的角度来检查，这样才能得到第一印象。

以第一印象提升形象
在停车处建个花坛或是在大厅装饰些花和画，这会大大提升给人的印象。请郑重地表达欢迎之意吧！

想办法让它不易弄脏
杂草丛生的地方和整理得很漂亮的地方，垃圾扔得多的肯定是前者。所以，请营造一个不易让人想乱扔垃圾且不易弄脏的环境吧！

重　点

- ☐ 不要弄脏公司的看板和标识
- ☐ 大厅要给人干净明亮的印象
- ☐ 鞋子或拖鞋要摆放整齐
- ☐ 要彻底打扫大厅的地板、墙壁、门、窗
- ☐ 装饰些漂亮的画等
- ☐ 爱护花草等绿色植物

此项内容，您达到何种程度了呢？

月/日	/	/	/	/
达成比例	%	%	%	%

2

在工厂外挂上国旗、公司旗、安全旗了吗？在工厂内贴上公司的口号、标语了吗？

!! **请宣传企业信息吧。**

公司旗、安全旗是对外的企业信息。树起美丽的旗帜吧！

另外，请把作为员工目标的标语、口号也自豪地向客户展示吧！

第二章 构建吸引人的工厂

请注意这里！

有公司旗帜吗？
公司旗帜能体现公司政策和使命感等信息。如果没有的话,请制作一面吧!这也能加强员工的凝聚力。

严禁弄脏公司旗帜
如果将悬挂着的旗帜弄脏了,不仅不能提升公司形象,反而会降低公司形象。通常情况下,展示干净、整洁的物品才有价值。

确保准确的升降时间
公司旗帜等的升降,每天都要在同一时间进行,这是基本条件。如果每天的升降时间都不一的话,就会被人认为是一家没有时间观念的公司。

公司内的标语也要很漂亮
公司内的标语要在进入公司大厅时就能一眼看到。这不仅是在向顾客展示标语内容,同时也是在传达高昂的目标达成意识。

重 点

- ☐ 有公司旗帜
- ☐ 有旗杆基座
- ☐ 除公司旗帜外,挂上安全旗、品质旗等
- ☐ 决定各旗帜的悬挂位置
- ☐ 标语、口号要横着写,字体要大

此项内容,您达到何种程度了呢?

月/日	/	/	/	/
达成比例	%	%	%	%

向顾客传达欢迎之意了吗？

!! 表达欢迎之意会给人留下好印象。

欢迎牌或电子屏是向顾客传达"欢迎"之意的最好方式。

特别是远道而来或初次拜访的客人，他们会永远记得这份关心所带来的安心和亲切之感。

请注意这里！

欢迎形式的标准化
请事先对欢迎客户的方式进行标准化。例如,将欢迎牌或电子屏的大小、书写方法、公布位置等规定下来。

海外常识
特别是在欢迎来自国外的客户时,千万不要忘记使用欢迎牌或电子屏。不只是用本国语言,还要用客户所在国家的语言写上"欢迎"。在升国旗时也请注意国旗的朝向。

准备土特产
对客人的欢迎之意是很想以有形的方式来表示的。工厂参观时用的帽子等来做礼物也可以吧。

重 点

- ☐ 准备欢迎牌或电子屏
- ☐ 对欢迎牌等的大小、书写方法、公布位置实行标准化
- ☐ 规定欢迎客户时的装饰方式(如:花)
- ☐ (特别是对于国外客户)要准备土特产

此项内容,您达到何种程度了呢?

月/日	/	/	/	/
达成比例	%	%	%	%

4

会说一些能给客户带来好感的问候语吗?

!! 以问候来评价企业体质。

问候是"素养"的基础。从会不会说一些让人心情愉悦的问候语,就能判断出企业体质的好坏。

"不会说得当的问候语=没有彻底落实公司规章制度=不遵守公司规章制度"。像这样的评价是相互关联的。

请注意这里！

来自上级的问候
养成问候的习惯，并且从厂长开始带头是很重要的。厂长不要只是回应作业人员的问候，而要和蔼地先开口问候。

诚心诚意
面无表情的应付式行礼、问好，会让对方感到不愉快。请用眼睛诚心诚意地传达"欢迎"之意。

面带灿烂笑容的同时
笑容有着让人觉得安心的力量。看着对方的眼睛并笑着问好，声音也会更响亮。

重　点

- [ ] 每天的早会从精神饱满的问好开始
- [ ] 由上司带头行礼、问好
- [ ] 作业人员之间互相问好
- [ ] 教导员工如何向顾客行礼、问好
- [ ] 能做到面带微笑地问候

此项内容，您达到何种程度了呢？

月/日	/	/	/	/
达成比例	%	%	%	%

面对客户提出的问题,能妥当应对吗?

!! 接待客户的能力会影响客户对公司的印象。

面对客户提出的问题,您的部下能妥当应对吗?

如果平时能够不断做些训练,就能妥当应对客户的问题了。

妥当应对能够比问候带来更好的印象。

请注意这里！

领导请使用礼貌用语
如果不擅长使用礼貌用语的话，接待客户会变得很难。首先，厂长要从平时开始很自然地使用礼貌用语，为员工做好榜样。

营造发言的空间
早会时，让每个人都发言，为员工创造在众人面前说话的机会。平时的小训练是非常重要的。

产品知识和服务项目
如果想要进一步说明的话，那就让教育训练的内容（如：如何向客户说明产品及公司的服务项目）也展示在客户的面前。

重　点

例：如何应对客户提出的问题？

1. 如果客户问："○○室在哪里？"
请教导员工，让其学会用明白易懂的语言来引路。比如，自己走在前面引导："在这边"、"从这向左拐，右手边就是○○室"。

2. 客户问到产品和业务范围等内容时
员工会回答的，就当场回答。要做到用语尊敬、说明易懂、态度明朗。当不能回答时，要告诉对方："我帮您转给领导，请稍等。"切勿作出含糊不清的回答。

此项内容，您达到何种程度了呢？

月/日	/	/	/	/
达成比例	%	%	%	%

6

在指示牌上或陈列柜中展示营业范围、产品等信息了吗?

!! 请表现出对产品制造的态度和对产品的感情。

在公司大厅(工厂入口)处,展示营业范围、操作流程、产品等相关信息,让人一目了然。

请在产品的陈列方法上下工夫,尽量展现出对产品制造的态度和对产品的感情。

请注意这里！

摆放整齐
指示牌上公布的信息和陈列柜中的展示物品,其布局是否显眼,让人一目了然?请时刻保持物品整洁且摆放整齐。

提供最新信息
请注意一定要在指示图上公布最新的信息。特别是在展示公司产品时,请一定要放上最新的产品。

摆放的产品要铮亮铮亮的
绝对禁止弄脏陈列品(摆放的产品等)。因为从这里可以看出贵公司对产品的感情以及对产品制造的自信与自豪感。

- 作业工序简单易懂
- 尽量不要使用专业术语,需要时,应作简单说明

- 主要产品的剪切样品也要陈列出来
- 客户来访时,相关产品要重点展示

此项内容,您达到何种程度了呢?

月/日	/	/	/	/
达成比例	%	%	%	%

7

仔细整理工厂内的通道和地面了吗?

!! 通道、地面是整理、整顿的标志。

通道、地面,和公司大厅一样也是工厂的门面,它能左右给人的印象。如果这些地方杂乱不堪,也就可以推测出工厂的生产状况了。

只要观察通道、地面,就能清晰地了解公司是否严格落实了2S(整理、整顿)。

请注意这里!

认识2S的重要性
首先,厂长自己要认识到2S的重要性。而且,2S和问好、行礼一样重要,是基本中的基本。

明确规定在哪里放什么
是否把通道、地面当成放置材料和产品的地方了呢?请从安全、效率方面考虑,把物品的放置地点规定下来吧!

车轮上的脏物等
台车的车轮或作业人员的鞋子经过通道,就会将生产区域弄脏。所以,通道是工厂全员2S的标志。

重 点

- ☐ 用线条将生产区域和通道明确地区分开
- ☐ 用来划分区域的线条(胶带)一定要笔直地、牢固地贴在地面上。(不要出现脱胶或弄脏的现象)
- ☐ 物品摆放区域请勿超出通道
- ☐ 台车、鞋子上的脏东西不要粘到通道、地板上

此项内容,您达到何种程度了呢?

月/日	/	/	/	/
达成比例	%	%	%	%

8

噪声、震动、气味、粉尘……针对以上问题,您采取了万全之策吗?

!! 要为员工的健康考虑,整顿工作环境。

要将环境整理好,以免给员工造成压力或危害其身体健康。

如果被判定为是一家不重视员工健康的工厂,那将会失去客户及周边工厂、居民的信任。

请注意这里！

请先从能做的开始
比如,在发出噪声的机器上安装专用的盖子,这样能适度减小音量。请带着问题意识不断改善！

提高工作热情
整理环境与改善工作条件有着直接的关系,也能提高员工的工作热情。

防止近邻受害
如果一直在工厂工作,易造成对声音、震动、气味等反应迟钝。
请不要忘记邻居们(比如:老人、小孩、考生、病人等)也有他们各自的生活。

重　点

- ☐ 勿发出影响人的声音
- ☐ 勿发出影响人的震动
- ☐ 勿散发出影响人的气味
- ☐ 设备上不要沾粉尘
- ☐ 有足够的光线、亮度(照明)

　　针对以上几点,请以法定标准进行检查吧！

此项内容,您达到何种程度了呢?

月/日	/	/	/	/
达成比例	%	%	%	%

作业人员是否穿着脏兮兮的工作服呢?

!! 脏兮兮的工作服是工作不佳的证据。

"脏兮兮的工作服是工作不佳的证据",有不少人都这样进行评判。所以,请彻底落实到位,让员工的穿着打扮赢得客户的信任。

衣冠不整可能会导致低下的安全性、作业效率,所以请重视员工的着装。

请注意这里!

请先进行整理、整顿
作业现场的清扫、整理、整顿是否没到位?在观察各员工的作业技能水平前,请先检查这一基本事项吧!

作业中存在不合理吗?
把工作服弄脏了,很有可能是因为精神不集中、时间不充裕或作业不合理所造成的。请不要疏忽作业前的各项准备工作。

即使注意了也不能遵守时
请站在作业人员的立场上,仔细倾听他们的声音,这样的态度才是领导者的出发点。只有和部下进行沟通,才能想出新的办法。

重 点

- ☐ 发放换洗的工作服
- ☐ 工作服的款式要给人以整洁、大方之感
- ☐ 工作服上的纽扣、拉链要设计得当、整齐(从头到腰、手臂等)
- ☐ 上衣的下摆不要从裤子中露出来
- ☐ 按规定穿戴好帽子、手套、安全鞋等

此项内容,您达到何种程度了呢?

月/日	/	/	/	/
达成比例	%	%	%	%

第二章

构建吸引人的工厂

提高工厂管理品质

"如果在这家工厂工作,就能被委以重任",要得到像这样的评价,就必须确立更好的产品制造结构。

欲提高工厂管理品质,现在就请试着点检以下事项吧!

能彻底贯彻执行工厂管理的基础——4S吗?

能做到迅速发现异常并解决的目视化管理吗?

工厂管理品质直接关系到产品品质、效率、顾客满意度。

如期交出优质的产品,让顾客满意。这就是实现"不断提高销售额"的秘诀。

做好工厂管理的基础——4S（整理、整顿、清扫、清洁）了吗？

!! 工厂管理的基础是4S。

要提高工厂管理品质，4S必不可少。

特别是2S（整理、整顿），它是开展一切活动的基础。

通过推行2S（整理、整顿），清扫也会变得容易起来→养成保持清洁的习惯→管理一下子变得很容易。

4S的水平和管理水平是成正比的。

请注意这里!

厂长要意识到它的重要性

厂长真的理解了4S的重要性吗?如果认为"只是清扫,并没有什么改变"的话,那就不能让员工形成素养了。充分理解4S的含义,并带头执行吧!

素养和4S

全员形成素养的工厂能彻底执行4S,也能遵守工作中的规定。此处的素养是指能毫不犹豫地执行决定的事情。比如:员工已经养成了这样的习惯:当看到垃圾时,(在用大脑思考前)立即将垃圾捡起来扔到指定的地方。

2S+2S+1S

整理、整顿
清扫、清洁
素养

此项内容,您达到何种程度了呢?

月/日	/	/	/	/
达成比例	%	%	%	%

将大家共同的目标作为口号了吗？

!! **请制作让大家齐心协力的口号。**

要提高工厂管理品质，让全员齐心协力达成目标是很重要的。

通过口号，高举工厂的方针、目标，以提高大家的热情。"让我们一起来达成目标吧！"

第二章　构建吸引人的工厂

请注意这里！

有冲击力的话语
口号是能够明确传达目标的话语。所以,要注意语调,并且选择容易记住的话语。

贴在显眼的地方
口号,可以说是"大家的语言"。将它贴在显眼的地方,让全员都能背出来。

分享口号的含义
为什么选择这个口号呢?请详细说明它的含义,并告诉员工达成目标的必要性。

变成个人目标
为达成口号中的目标,每个人应该怎么做呢?通过面谈,探寻每个人的想法、能力,然后决定具体的个人目标。这很重要。

重　点

标语的制作方法

- 目标数据化——由上而下
  （例）销售额达到100亿
- 提高意识——由下而上
  （例）精神饱满地行礼、问好

此项内容,您达到何种程度了呢?

月/日	/	/	/	/
达成比例	%	%	%	%

按规定的时间点在管理图中记录下相关信息了吗?

!! 各项记录都准确的管理图更易发现异常。

记录准确的管理图,是发现异常的首要条件。

如果没有在规定的时间准确地记录下测量数据,就无法判断异常。

请注意这里！

记录下检查时间
在检查表中,记录下检查时间。并且,请务必将测量出的数据填入表中。

点检再点检
管理图等记录,能够清晰地表现出点检者能否进行自我管理。当发现在本应点检结束的时间却没有记录时,要提醒点检者注意。

准确的判断和行动
管理图的记录是从中发现异常并及时采取行动的工具。为记录而记录是没有意义的。不要放过以各种形态表现出来的异常信号,并及时采取行之有效的改善办法。

重点

要提高管理图的准确度,厂长应该做什么？

- 尽量减少写的时间
- 一旦发现异常,自己努力寻找原因
  ——如果是要求记录者找原因的话,记录可能失去真实性
  ——请作业人员不要忘记附加价值是在作业中产生的

此项内容,您达到何种程度了呢？

月/日	/	/	/	/
达成比例	%	%	%	%

管理指标没有只藏在电脑中吗?

!! 作业目标或现状要做到"目视化",让大家都能共享。

为达成目标,就必须让正在为目标而努力的全体员工都能认识到目标和现状,以及迄今为止的实绩和成果。

共享这些数据能够提高目标达成意识。

第二章 构建吸引人的工厂

请注意这里！

消除意识分歧	正因为员工理解、认同"怎样做比较好"、"结果是怎样的",所以能消除厂长和员工间的意识分歧。
在大家集合的地方	信息公布场所的选择也是很重要的。比如,在休息室等大家集合的场所公布信息,能起到相互刺激、使大家团结一致的作用。
实时信息	好不容易建立的目视化,如果用的是旧数据,那么只会起反作用。请公布实时信息,并在早会上强调。

重 点

"目视化"和"让大家看"的不同点

目视化	让大家看
· 实时信息 · 手写 · 立即记下来 · 在工厂的出入口等员工必经之处公布	· 过去的活动记录 · 使用彩色打印机 · 用塑胶板盖住 · 在办公室公布

此项内容,您达到何种程度了呢?

月/日	/	/	/	/
达成比例	%	%	%	%

对材料等的管理，实行"目视化"了吗？

!! 工厂管理的第一步：物品存放处实行"目视化"。

为开展工厂管理的"目视化"，首先请检查材料、零部件、成品的存放处吧！

如果任何人一看便能掌握管理状况，并能判断正常和异常的话，第一阶段也就很清晰了。

第二章 构建吸引人的工厂

请注意这里！

2S是基础
2S（整理、整顿）也是"目视化"的基础。控制物品堆积的高度，并彻底落实！不能马上处理的东西，请贴上标签，标明是预期处理品。

努力做到易于理解
存放地要标明场地编号和应放物品的编号。在物品上要标明物品名称和物品编号。更重要的是要努力做到用颜色区分和标上记号。无论谁都能一目了然，这不只是对放置场地的管理，更是一切"目视化"管理的目的。

重　点

彻底贯彻适量库存之理念

- 设置高度杆（使大家都明白不能堆积到此杆以上）
- 明确标示最大容量、订单生产线
- 限定每个筐中的存放数量
- 不建造存放场所

此项内容，您达到何种程度了呢？

月/日	/	/	/	/
达成比例	%	%	%	%

能实时掌握作业的快慢状态吗?

!! 对作业的进度实行"目视化"。

要做到严格遵守交期,迅速地发现作业的快慢等状况是很重要的。

所以,请想办法实时掌握各作业的进展情况。

请注意这里!

灵活运用自动计算器
运用自动计算器实时反映每个作业人员、每个工序的稼动率。这样就能立即知道哪里哪个人慢了。

窍门很重要
不导入需要花钱的体系,又不给作业带来麻烦的计算数量的方法也有很多——窍门是很重要的。

员工意识的改变
员工了解自己的作业状况也是很重要的。如果能够及时发现自己作业慢了,便会努力赶上。

重点

您的交期管理单位是什么?

- □ 1个月
- □ 1周
- □ 1天
- □ 1小时

▶ 时间越短,工厂管理的水平越高

此项内容,您达到何种程度了呢?

月/日	/	/	/	/
达成比例	%	%	%	%

将废料(油)集中到一个地方,实行分类集中管理了吗?

!! 要发现废料(油)的异常,重点是实行集中管理。

要彻底管理废料,请将它集中于一处进行集中管理。

在进行集中管理时,请进行彻底的分类。

实施能检查出"什么废料在何时只产出什么"的"目视化"管理,有利于发现异常和减少加工错误。

请注意这里！

抓住改善线索 ▶ 分类收集废料（油）。减少环境的负荷，包括如果能做到"不管哪种废料何时产出什么"都一目了然的话，发现异常和追寻原因也就变得容易了。废料存放处是与作业效率、生产力的提高密切相关的线索宝库。

减少浪费 ▶ 存放废料（油）的场地越多，被污染之处也就越多，管理工作和成本也随之增加。所以，存放地越多，管理越难。

搬运的抱怨 ▶ 要彻底落实集中管理的话，可能会出现"加重搬运负担"的抱怨。即便这样，也要禁止增加存放场地。请这样说服员工："不可出现加工错误。只有这样才能减少废材、搬运量和搬运次数。"

重 点

分类"目视化"

- 扔到哪里一目了然
- 用插图或照片表示分类方法
- 能看得到扔了什么

此项内容，您达到何种程度了呢？

月/日	/	/	/	/
达成比例	%	%	%	%

废料没有从盒子或罐子中漏出来吗?

!! 降低废料的第一步就是进行彻底分类。

规定废料存放处后进行集中管理,彻底落实分类管理。

——能做到这个程度的话,请试着点检废料数量。

如果发现废料从分类盒中漏出,请特别注意。

第二章 构建吸引人的工厂

请注意这里!

推进"减少废料"的运动

如果能减少加工错误,那么废料的量也会减少。所以,要控制分类盒的大小,不宜过大;控制容量,不能让废料装得太满。让我们一起推动"减少废料"的运动吧!

探寻超出的原因

首先,请对分类盒的容量、回收频率、废料的投入方法是否适合等的管理方法进行点检。如果对以上事项进行改善后,还是有超出现象的话,就属于异常了,应立即寻找原因。

管理是万全的吗?

要对管理废料存放处的负责人进行教育,他只有认识到此项工作的重要性后方可胜任。并且,厂长一定要亲自前往废料存放处点检和确认此项教育的效果如何。

重点

- 分类的精确度要高
- 容量要定得小些
  ——对于经常发生超出容量的现象,要想办法减少

此项内容,您达到何种程度了呢?

月/日	/	/	/	/
达成比例	%	%	%	%

第二章

构建吸引人的工厂

营造有活力的现场

在您的工厂中,作业者是否活力四射呢?

首先,请站在客户的立场上,客观地观察作业者的表情和动作吧!

他们能够自然地应对客户吗?能够顺畅而麻利地工作吗?

如果不能做到这些,不仅不会给客户留下好印象,连作业人员自己也会觉得工作不愉快。

是否有一个充满朝气和活力的现场,就像是工厂管理的晴雨表。

一个拥有高品质管理水平的工厂,是充满活力的,员工之间的交流也是很友好的。

部下们都精神饱满吗？
现场很活跃吗？

!! 4S的动力来自大家饱满的精神和合作。

4S的基础是大家由心底想让现场变得更整洁。

在大家的关心下，精力充沛比什么都更需要。

因为，大家饱满的精神和团结合作是开启4S的成功钥匙。

不要逼迫员工，而要和他们一起思考，然后付诸行动。让我们一起来推广4S吧！

请注意这里！

每天的口号很重要
2S（整理、整顿）也需要重新审视空间的利用方法。上司应该率先做好2S，每天号召作业人员做好清扫、清洁。

不要责骂，要一起思考
对于不实行清扫、清洁的人员，不要情绪化地责骂、批评。请和他一起思考到底该怎么做，然后付诸行动吧！

开展螺旋式活动
规定每个班的目标，然后开展活动，想办法激发员工的干劲。从多角度努力，让员工的干劲高涨，从而构建一个高水平（精神饱满）的车间。

重　点

活跃的车间

- 以厂长为首的领导要重视
- 开展活跃的小团体活动
- 建立"个人岗位奖"、"个人机器奖"等个人表彰制度

此项内容，您达到何种程度了呢？

月/日	/	/	/	/
达成比例	%	%	%	%

好好整理休息室，营造出一个舒适的空间了吗？

!! 休息室环境的好坏直接影响到员工的精神和面貌。

休息室可以说是"家庭住所"。

不管是创造朋友间联系的纽带，还是营造一个有朝气、活力的车间，都离不开休息室。

通过大家全力合作，营造一个让大家心情舒畅的场所，从而让大家萌发出对工作的感情和留恋。

请注意这里!

休息室的4S
在休息室彻底实施4S,才能达到目的。当然,对于生产现场以外的场所也不要放松,这实际上也是一条提高生产率的捷径。

检查宣传资料
在休息室贴了宣传资料吗?宣传资料的数据是最新的吗?平时请养成点检的习惯吧!

重点

有休息室吗?

Yes:是怎样的休息室?
- ☐ 彻底清扫
- ☐ 不得在公共场所放私人物品
- ☐ 在显眼处张贴宣传资料
- ☐ 宣传资料必须是最新的
- ☐ 彻底划分吸烟区和禁烟区

No:请想办法建一个吧!

有休息室吗?
- 只要厂长等努力的话就能建一个
- 和员工的满意度相联系
- 从现场2S(整理、整顿)开始

此项内容,您达到何种程度了呢?

月/日	/	/	/	/
达成比例	%	%	%	%

20

作业人员在现场有活力且开心地工作吗?

!! 对工作的热情和骄傲是从动作中表现出来的。

是不是一个有活力的工厂,只要观察作业人员的动作就能明白。

在一个充满活力的工厂中,作业人员会敏捷而愉快地工作,而且他的动作会感染周围的人,让他们也充满活力地工作。

请注意这里！

没有不合理、不均匀、浪费现象吗？
如果作业方法、工厂内的流动等出现不合理、不均匀现象的话，整个步调就会乱，从而发生浪费。在规定标准速度时，不要忘了这一点。

下达指示了吗？
如果没有切实传达应该做的事情，注意作业人员是否停止是没有意义的。请确认是否存在等待浪费。

健康状况如何？
作业人员工作时注意力不集中、接二连三地迟到，也许是因为身心的健康状况出现了问题。直属上司必须知道各作业人员平时的状态，以便及时觉察作业人员健康状况的变化。

重 点

- ☐ 遵守作业标准
  ——如不给予适量的工作，就会出现动作不合理、不均匀、浪费等现象
- ☐ 动作、流程很顺畅
- ☐ 没有等待的浪费
- ☐ 人员走动的速度得当
  ——不跑动也不慢悠悠
  ——走动的人员很少

此项内容，您达到何种程度了呢？

月/日	/	/	/	/
达成比例	%	%	%	%

第三章
达成今天的生产

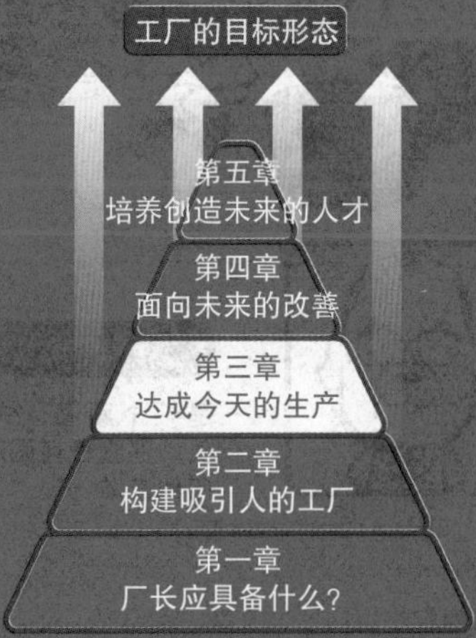

工厂的目标形态

第五章
培养创造未来的人才

第四章
面向未来的改善

第三章
达成今天的生产

第二章
构建吸引人的工厂

第一章
厂长应具备什么?

近藤厂长

是一个顽固、守旧的老头。遇到任何困难,都可向他求助。

第三章　达成今天的生产

INDEX

生产准备（长期）

进行生产前

① 拥有好的作业标准书，才能生产出优质的产品

② 认真地向作业人员传达工作的意义吧

③ 认真地教导正确的工作顺序和要点很重要

④ 掌握设备生产能力，以便及时应对生产变动

⑤ 确保人员，以便能应对紧急增产。

⑥ 本月目标的设定工作一定要在上个月底之前进行

生产准备（1天）

厂长的一天〈开始生产前的准备〉

⑦ 新的一天，从掌握生产计划开始

⑧ 为确保生产和产品品质做好万全准备

⑨ 早会是收集重要信息的时间

厂长的一天〈进行生产〉

生产（1天）

⑩ 认真确认开始作业30分钟后所生产的产品

⑪ 不仅要关注换岗的作业人员，还要关注新人

⑫ 对每个作业人员观察3分钟

⑬ 与平时不一样的行为动作是麻烦发生的信号

⑭ 要寻找故障原因，记录变化点必不可少

⑮ 作业过程中也要对物品存放处进行严格的管理

⑯ 以防万一，平时一定要思考处理异常的对策

生产管理（1天）

⑰ 预期生产是在制造库存浪费

⑱ 请优先应对落后于"现在"的情况

⑲ 库存品一目了然，这是最合适的管理方法

⑳ 平时就要制定应急体制

㉑ 在核算之前，请考虑给对方一个答复，以博得信任

㉒ 在新产品开始时，需要对其进行特殊管理

厂长的一天管理生产

第三章

达成今天的生产

进行生产前

为达成每天的生产目标,就应有长远的眼光和准备。

尤其要注意,培养人才不是一朝一夕就能完成的。

要做到高品质的产品制造,不仅需要技术能力,教育、培养员工的"干劲"和责任感也很重要。

另外,在掌握现状的基础上,如果突然要增产,工厂能麻利而顺畅地应对吗?

或者,需要投入新的机器和人员吗?

考虑以上几个方面,在设备、人、管理方面做好充分准备吧!

作业标准书易记住且易使用吗?

!! 拥有好的作业标准书,才能生产出优质的产品。

作业标准书如果不能被作业人员理解,也就失去了它存在的意义。

请站在作业人员的立场上,把熟练工的作业诀窍也融入作业标准书中,并制作成简单、易懂的作业标准书吧!

第三章 达成今天的生产

请注意这里！

在实际作业中尝试
制作作业标准书的人员必须充分理解作业顺序的"关键部分"。不仅是"在头脑中理解",还要亲自动手亲身体验,只有建立在此基础上的理解,才能用于教育其他人。

整理作业顺序
一个工序有5—6个顺序,只教一次的话,很希望详细说明吧?请注意不要详尽到细微之处,说明一定要抓住要点,尽量简单。

明确作业要点
一旦规定作业顺序,就必须明确各工序的作业要点。所谓要点是指,当对其不重视或不遵守时会出现"不良品"或"受伤"的情况。这些要点要显眼,且要提醒大家注意。

尽量做到易懂
尽量让作业标准书的内容容易记住。重点部分,特别是用语言很难描述的异同点,请想办法使用照片或插图,让其易于判断。

重 点

作业标准书的内容有"工作条件"、"作业方法"、"管理方法"等,这些内容都能让优质的产品价格更便宜、生产速度更快、使用起来更愉快吗?

此项内容,您达到何种程度了呢?

月/日	/	/	/	/
达成比例	%	%	%	%

2

告诉作业人员他们所加工出来的产品的用途及其工作的重要性了吗?

!! 认真地向作业人员传达工作的意义吧。

如果不知道自己所生产的产品的用途,就不会对工作产生自豪感和责任感,也就不能做好工作。

在向作业人员说明产品制造的顺序前,必须告诉他们此项工作的意义。

请注意这里！

根据熟练程度进行教育 ▷ 对于中途聘用或从其他工作现场来的人员，一定要确认清楚其学历、工作经验等事项。因为之前是否受到过与工作有关的教育十分重要。如果教他一些已经学过的知识，势必会成为阻碍其工作热情的因素。

工作意义的教育 ▷ 在对产品进行说明时，可以使用插图、样品等，让员工更易理解产品的构造。而且，一定要告诉他工作的重要性："如果因为你发生了错误，使这个部分的功能丧失，可能会引起重大事故。"因为这样的一句话会引发员工对工作的自豪感。

分享产品制造的心得 ▷ 厂长应该是通过自己的经验，逐渐具备了"制造优质产品的必要条件"吧。像这样的智慧也应传授给各作业人员。另外，在传授心得时，请结合各作业人员的经验和熟练程度。

此项内容，您达到何种程度了呢？

月/日	/	/	/	/
达成比例	%	%	%	%

认真地教导工作顺序和要点了吗？

!! 认真地教导正确的工作顺序和要点很重要。

在向作业人员传达工作的意义时，关键是进行关于作业顺序和要点的教育。而在教育中，最重要的是教育技巧。要想做到正确、迅速并且不发生错误的话，那么，从事前准备到后续追踪这一整个过程的推动就很重要。

请注意这里!

教育前的准备也很重要
教育前的准备,如:到何时教会谁?都要有明确的训练计划。在此基础上将作业要素进行分解,并使用易教、易记的作业标准书。请将作业中需使用的工具、说明时要用到的材料准备齐全,做好充分的准备,让学习的人产生"想记住"的念头。

一步一步慢慢教育
进入到作业说明阶段时:① 耐心地对作业顺序、要点等进行讲解说明,直至员工理解;② 让员工试着实际操作;③ 如果觉得他已经理解了大部分内容的话,让他进行实际作业。

教育后还要积极追踪
在上述步骤③之后,还要根据其熟练程度,进行④认真追踪。如果养成像这样的"教育"思路,并且能做到充分教导的话,日后就不会为教育不足所引来的麻烦而困扰了。

重点 ↓
学习教育方法(TWI-JI)

> 教育训练体系——掌握教育技能。在让作业人员记住工作的过程中,尽量不要发生错误,并且通过教育,让他掌握正且快速记忆的技能。可以通过各县的职业技能开发协会展开此项工作。

此项内容,您达到何种程度了呢?

月/日	/	/	/	/
达成比例	%	%	%	%

掌握每台设备的生产能力了吗?

!! 掌握设备生产能力,以便及时应对生产变动。

增产、按新方法作业……

要应对像这样的变化,重点是平时就能掌握每台设备的生产能力。并且,如果能结合设备的特性,事前做过模拟的话,即使发生紧急情况,也能不慌不忙地进行处理。

第三章　达成今天的生产

请注意这里！

能应对增产吗？
设备的能力，能确保及时应对大幅度超出预期数量的增产要求吗？即便是在使用人海战术能解决的情况下，一旦拖延时间也会影响成本。要想应对突然增产的要求，请赶紧提高设备的能力吧！重点是做到无论何时都能达成需要的数量。

缩短换模时间
在测量设备的能力时，请考虑生产整体（不仅要考虑生产时间，还包括换模时间）。缩短换模时间能大幅提高设备的生产能力。

让不稼动时间为零
要想提高设备的生产能力，消灭不稼动时间（因设备故障而停止）也是必不可少的。

重点

增产的种类和应对

- 长期的计划→再次讨论计划
- 突然的增产要求→有时效性的临时应对

此项内容，您达到何种程度了呢？

月/日	/	/	/	/
达成比例	%	%	%	%

突然增产等紧急时刻,能确保相应的生产人员吗?

> !! 确保人员,以便能应对紧急增产。

随着公司走向小规模化,应对生产量的增减变得越来越困难。即使平时没有多余的人员,但在发生紧急情况时,还是能预计到应准备的人数,这是厂长的职责。

第三章 达成今天的生产

请注意这里！

作业人员的最佳配置
对高效率的产品制造而言,作业人员的最佳配置显得尤为重要。应先确保能应对生产的人员,并在此基础上做好准备,让工作顺利进行,以免在缺少人员时出现延误交期的现象。

制定紧急应对机制
突然增产,却不能及时召集人员！遇到这样的紧急情况时,首先将目光投向工厂内部,然后再投向工厂外。思考怎样才能达成目标,并制定相应的紧急应对体制。

公司内的多能工化计划
生产现场就不用多说了,请在全公司内部也推行多能工计划吧！只有与公司规模相适应的结构,才能让及时应对生产成为可能。

重点

在人员配置时,请结合量(人员)和质(具备的技能)进行考虑

量/质	谁都会做的工序	较难的工序
需要的人员		
能确保的人员		

此项内容,您达到何种程度了呢？

月/日	/	/	/	/
达成比例	%	%	%	%

在上个月底,将本月每小时的生产目标设定好了吗?

> 本月目标的设定工作一定要在上个月底之前进行。

产量管理并不是单纯地管理每天或每小时的生产量,因为交期管理也是改善的工具。

请在上个月底前完成本月目标设定工作,使其从月初开始就能切实地发挥作用。

第三章 达成今天的生产

请注意这里！

以一小时为单位进行产量管理

产量管理板（表）是以计划和实绩为基准发现早期异常的，它有利于找出导致异常的原因。而一天或一周的产量管理板就不能发挥这样的功能。所以，请以一小时为单位进行记录。

明确改善点

当计划和实绩相差很大时，那肯定有问题。而且，在探寻此问题的过程中，能发现改善点。

"目视化"的产量管理

产量管理看板（表）要放在显而易见的工作现场。因为这将便于员工实时掌握计划数和实绩数，大大减少生产落后现象的发生。

重　点

精细化管理使问题更易被发现

> 比如，8:00—9:00的实绩数比平时落后了，那么很有可能是"在开始作业前浪费了时间"，就可认为这里有需要改善的地方。反之，如果是按一天的生产量来管理会怎样？因为一天的总量不能反映出每小时的问题，也许您就会采取增加设备等耗费金钱的改善方式来提高生产率了。

此项内容，您达到何种程度了呢？

月/日	/	/	/	/
达成比例	%	%	%	%

第三章

达成今天的生产

厂长的一天
决定生产前需做的准备

新的一天开始了。

厂长怀着新的紧张感,脑海中浮现出今天的生产计划,并再三确认自己是否已经做好万全的准备。

接下来,请比任何人都要精神饱满地向大家打招呼:"早上好!"

因为您生动的表情关系到大家的干劲。

7

全面掌握今天的工作计划了吗？

!! 新的一天，从掌握生产计划开始。

请以正确的信息为基础，在掌握今天要生产的数量后再前往现场。

仔细评估一天能生产多少产品，并确认设备能力或人员的出缺勤，以便不给生产带来负面影响。

请注意这里!

库存

要让今天一天的工作顺利进行,首先必须准备好需要的材料。要做到很快掌握产品和材料的库存量——"目视化",重点是要掌握从材料到出货整个准备时间的长度。若未能仔细确认库存的种类和数量,就无法拟定今天一整天的工作。

人

能确保生产所需的人员吗?请尽快制作出简单易行的确认体系吧!员工说自己突然生病必须请假时,应尽快联系并进行教育指导,还要根据其理由适度批评。另外,要考虑生产线的编排再做出生产应对指示,以免因缺勤导致工程拖延。

设备

为确保机器设备和作业时间同步,必须除去机器运转的准备时间后再接通电源。平时就要规定开关的顺序并养成习惯,以免发生错误。

此项内容,您达到何种程度了呢?

月/日	/	/	/	/
达成比例	%	%	%	%

对设备、测量仪器等的始业点检很完善了吗?

!! 为确保生产和产品品质做好万全准备。

要达成今天的生产计划,就必须避免设备机器和工装出现问题。

千万不要疏忽点检和确认,一定要事先做好充分准备并以最佳状态开始工作。

请注意这里！

检测测量仪器
检查机器的基准块是否一直显示正确的数值。如果基准块不准确的话,那么使用此基准块是没有任何意义的。请使用在正规的检查机构点检过的基准块。

记录点检结果
正确记录下品质等的点检结果是绝对条件。这不是指单纯地在查检表上做标记,还必须记录下检查时间。

重　点

- ☐ 设备运行时间应和开始作业的时间相一致
- ☐ 各项操作是否严格按照基准书进行（检查加工条件）
- ☐ 仔细确认防呆装置的精确度
- ☐ 彻底落实设备功能（安全装置）的确认点检
- ☐ 落实品质保证(制造批次记号)
- ☐ 点检后,准确并及时地记录下各点检结果

此项内容,您达到何种程度了呢?

月/日	/	/	/	/
达成比例	%	%	%	%

9

早会时,您能从大家的表情和声音中获取信息吗?

!! 早会是收集重要信息的时间。

大家都到齐的早会是厂长收集各类信息的重要时间。

注意深入观察大家的表情和声音,就能看出每个人的健康状况、团队合作能力、对上级指示的接收程度。

第三章 达成今天的生产

请注意这里!

认真行礼、问好
让早会从互相问好开始吧!发出声音,相互问好:"今天大家也一起努力吧!"以此来调动大家的热情和紧张感。

站着开早会
站着开早会,就能通过观察作业人员的姿势、脸色掌握他们的健康状况。

让员工演讲
要让班长等领导发言,努力为他们创造训练说话的空间。

说话内容和倾听态度
从基层领导的话语中确认下达的任务是否完成,从作业人员的倾听态度中看出其凝聚力。

重 点

请注意

- 站的位置(坐的位置)
  ——站(或坐)成一个大圆圈
  ——按顺序站(或坐)成一排
- 表情
  服装(注意仪表)

此项内容,您达到何种程度了呢?

月/日	/	/	/	/
达成比例	%	%	%	%

第三章

达成今天的生产

厂长的一天
进行生产

好,现在就开始生产吧!

请厂长亲自确认现场状况,以确保不生产、不流出不良品,达到生产100%的优质产品的目标。

确保作业人员的安全了吗?
确保产品品质了吗?
就算现在发生异常也能冷静处理吗?
请在检查工厂各项工作的同时,也检查一下自己一天的工作吧!

10

生产刚开始时所产出的产品就不必说了,即便是开始作业30分钟后所生产的产品也要仔细确认检查,您做到了吗?

> !! 认真确认开始作业30分钟后所生产的产品。

作业开始30分钟后,人员和机器都结束了准备阶段。厂长一定要到现场去检查产品的品质和数量。

请注意这里！

作业开始30分钟后很重要

作业开始30分钟后，机器的状态和作业人员的动作都稳定下来了。请抓住这个时机，认真确认产品的品质和数量，从而发现机器、设备状况的好坏以及作业人员的工作态度。

同一时间、同一条件

只有在每天的同一时间、同一条件下确认产品，所得到的结果才能成为判断正常、异常的数据。至于什么时间确认，则因工厂而异。请按自身实际情况决定吧！

厂长要在现场

为了让厂长自己以及员工都能怀着积极的紧迫感开始一天的工作，厂长必须每天去现场一个小时，并且，要在员工开始作业时就来到现场。这样的做法，能让员工认识到刚开始作业的那段时间对于全天内生产的品质至关重要。

检查刚开始生产的产品

当然，检查刚开始生产的产品的品质也是很重要的。将它与合格品进行比较检查时，请充分发挥五种感官能力（视觉、触觉、听觉、嗅觉、味觉）。

此项内容，您达到何种程度了呢？

月/日	/	/	/	/
达成比例	%	%	%	%

11

对于刚换了作业人员的工序,您给予特别关注了吗?

!! 不仅要关注换岗的作业人员,还要关注新人。

对于像新人等这些还没有适应工作的作业人员,要经常关注他们所生产的产品流向。要对他们所在的工序和生产的产品给予足够的关注,以确认他们是否做得和普通员工一样完美。

请注意这里!

学会标准作业了吗?

在作业人员变更的情况下,请仔细确认其是否能按标准进行操作。如果不能,可能是由于没有教会他正确的标准作业方法。但是,如果经过认真且正确的教导后,还是不会的话,就应重新审视作业标准了。也许是因为一直使用熟练员工,所以都能按已有标准操作。

目视检查

值得特别注意的是目视检查。但是,作业人员是否认真检查各注意要点,光从他们的动作中是很难判断的。作为确认作业的监督者,自己必须充分理解各注意要点。而且,重点是要想办法让他做到"手指检查"和"发声检查"。

重点

新人	换岗作业人员
·有作业时注意力不集中,不能看出外观的好坏的倾向 ·要询问:"你觉得什么最难"、"是否觉得够呛"等问题	·根据作业人员的熟练程度的不同而不同 ·试着询问"此作业有何注意点?" →对不能做出正确回答的人进行指导、教育

此项内容,您达到何种程度了呢?

月/日	/	/	/	/
达成比例	%	%	%	%

您是否观察员工，并了解其是否掌握标准作业？

> !! 对每个作业人员观察3分钟。

一般情况下，在3分钟内重复同一作业5—10次；也就是说，3分钟就能确认是否会标准作业。仅仅只需3分钟！

在这段时间中，不管多大的差距都能暴露出来。

第三章　达成今天的生产

请注意这里！

确认重复方式
首先，请确认同一作业是否重复进行。如果发现虽然重复了，但总觉得哪里不对劲时，请找出其原因。

指导并纠正偏差
找出不能进行同一作业的原因，并要求作业人员按标准进行。禁止随意摆放物品。

重新审视教育方法
当正确的作业顺序、处理方法不能彻底执行时，请检讨一下到底是作业人员的错还是教育的问题，然后对症下药。即便是被视为最佳的教育方法，也要重新审视检讨，使之具有灵活性。

找出改善着眼点
标准作业，一旦决定下来就要遵守。在此基础上进行改善很重要。如果已经遵守了标准还是很难操作的话，就要进行改善。改善是无止境的！

此项内容，您达到何种程度了呢？

月/日	/	/	/	/
达成比例	%	%	%	%

13

从作业人员的行为动作中,察觉到麻烦了吗?

与平时不一样的行为动作是麻烦发生的信号。

当作业人员不在应在的地点做应做的事时,多半是要发生麻烦了。

因为从作业人员的行为动作中能看到S、Q、C、D(安全、品质、成本、交期)等的状况。

第三章 达成今天的生产

请注意这里！

反常的行为动作
作业人员走来走去、小声交谈，这对上司而言可能会引起难以预料的作业麻烦。请抓住若无其事地交谈、作业不稳定等异常现象。

机器停止时采取的措施
请检查装有安全装置的机器停止时，作业人员是否能按标准正确修复。如果他们不能做到，应立即郑重地提醒其注意。不要忘了小小的疏忽可能会引发大事故。规定是为避免危险而存在的。

注意物品"暂放"现象
因设备故障、换模等导致生产线机器停止时，产品未在规定位置停下来，就被"暂放"在其他位置，经常会出现作业人员忘记将它放好的情况。这也成为品质问题多发的原因之一。

重点

"现地现物"的重要性

> 即使有跑动的人，那也可能是正常的。从平时开始，去现场走走，把现场的状况印入大脑中是大前提。只是偶尔去现场走走的话，就会错过所有的信息。

此项内容，您达到何种程度了呢？

月/日	/	/	/	/
达成比例	%	%	%	%

14

正确并恰当地记录和管理变化点了吗?

!! 要寻找故障原因,记录变化点必不可少。

大部分故障产生的原因都是哪里发生了变化。因此,详细记录和管理变化点就能追踪原因,并把问题控制在最小范围。

当发生故障时,重点是自己能立即掌握所有信息。

第三章 达成今天的生产

请注意这里！

5ME
5ME是指人（Man）、方法（Method）、测量（Measurement）、材料（Material）、机器（Machine）和环境（Environment）。请详细记录和管理这六项的变化。

大家都关注
当发现5ME中任何一项有变化时，请马上通知所有作业人员。不制造不良、不流出不良，大家都应认识到"变化≒事故发生的原因"，关注变化点是很重要的。

对产品负责
首要任务是不制造不良、不流出不良。但是，万一流出了不良怎么办？只有在那时，才能看到是否记录和管理变化点的差距。如果能查阅变化点的记录资料，导致不良的原因也就水落石出了，当然也就能轻而易举地找出不良流出的时间和数量了；也就是说，能将不良流出的损失控制在最小。所以，对自己工厂生产的产品负责的话，就需要将这样的管理持续进行下去。

此项内容，您达到何种程度了呢？

月/日	/	/	/	/
达成比例	%	%	%	%

15

在作业过程中,也对物品存放处进行彻底的整顿了吗?

!! 作业过程中也要对物品存放处进行严格的管理。

在作业过程中,经常会看到工具、零部件乱摆乱放,这就是造成不合理、不均匀、浪费的一大原因。

即便在作业过程中,也请保持整齐的状态,就像作业前、作业后一样。

第三章 达成今天的生产

请注意这里！

规定物品存放处的地点、编号
规定各存放处的地点和编号，并记下"应放置物品"的编号。一旦决定下来，就不允许存放其他物品。

防止误用
在存放相似物品的地方，要贴上物品的照片，并且标明其不同之处和特征。在使用数字"6"和"9"时，也要特别注意。

存放处一定要标示清楚
有时，会发现有些物品一直放在不应存放物品的地方。所以，请明确标示出哪里应放什么。

产品和看板
在产品上，一定要贴上看板（物品编号卡）。在作业过程中，会发生看板脱落，引起产品和看板不一致等情况，所以，要特别注意。而且，要想办法让看板掉不下来。

重 点

- ☐ 存放处要合适且方便
- ☑ 物品不放在存放处之外
- ☐ 知道规定
- ☐ 遵守规定

此项内容，您达到何种程度了呢？

月/日	/	/	/	/
达成比例	%	%	%	%

在发生异常时应该采取什么对策,您思考过这个问题吗?

!! 以防万一,平时一定要思考处理异常的对策。

异常是五花八门的,不知道何时会发生。以防万一,从平时开始思考对策吧!

即将发生恐慌时,正是检验厂长实力的时刻。

请注意这里!

管理图中出现异常	管理图上的异常不像产品不良,见到实物就能明白,所以,很难判断。对于这种情况,请认真检验测量仪器和测量方法的各项条件,并耐心等待其结果。
产品品质发生异常	生产线停止后,首要任务是停止出货。接下来,和品保负责人一起确认状况,并下达指示:要尽快挑选出合格品和不良品。
通过五种感官判断出异常	当作业人员以五种感官判断出"与平时不一样"的状况时,请立即用准确的方法对异常进行测量、判定,等结果出来后再下定论。
不能加工的异常	首先,思考可能造成异常的各种原因。将实物(不良品)和合格品相比较,并仔细观察。如果没发现不同,就用矩阵式从加工条件等易导致异常的地方开始检查。针对各种能想到的原因,不断进行测试,仍不能修复,此时就应尽早下决断,并寻求生产技术人员的帮助。
设备的故障	故障是发生在机器系统还是电气系统呢?按顺序一个一个确认,寻找真正的原因。另外,请准备好重要物件的备用品。
公害、灾害、事故	以防万一,从平时开始彻底落实各注意事项,如开展避难训练等。另外,请定期检查紧急联络网是否能够运行。应对公害、事故,日常的预防是非常重要的。

此项内容,您达到何种程度了呢?

月/日	/	/	/	/
达成比例	%	%	%	%

第三章

达成今天的生产

厂长的一天
生产管理

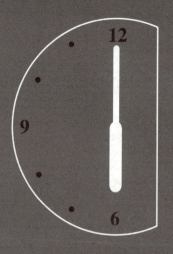

生产管理,是指通过实现高效率的生产,在规定的时间内交出规定数量的产品。

在不依赖预期生产的情况下,如何做到严守交期呢?

万一发生延误交期的情况,该如何应对呢?

如果没有认真考虑以上问题,并想出解决方案的话,就无法做好生产管理。

若要"达成今天的生产",就必须认真研究以上问题。

17

从客户的订单数量来看,您的生产计划合理吗?

!! 预期生产是在制造库存浪费。

优先安排现场,制定和订单不符的生产计划——预期生产,正是导致库存浪费的罪魁祸首。

不是"没有办法",而应该尽快处理。

请注意这里！

不优先考虑现场状况
比如在冲压加工等各种现场，如果优先考虑作业效率的话，将导致生产数量大于订单数量。如果能认识到其所带来的结果只是浪费，也就不会以现场为依据制定生产计划了。

规定标准库存量
库存不能过多，也不能太少。请收集数据，掌握适量库存，并规定库存量的最小和最大标准。然后，请就减少库存量这一课题不断进行改善。

不需要预期生产体制
预期生产是不需要的，制定出能做到"需要的产品在需要之时只生产需要的数量"的体制才是关键。

重 点

预期生产的弊端

销售量	—	生产量	=	存货
▼		▼		
实际生产效率		表面生产效率		（存货是负数）

此项内容，您达到何种程度了呢？

月/日	/	/	/	/
达成比例	%	%	%	%

"现在"的进步率和生产效率相吻合吗?

!! **请优先应对落后于"现在"的情况。**

"当下"的作业状况必须根据计划进行,以便能按生产计划交货。

特别是当发生作业落后时,"应优先于所有事情,最先应对落后"。这是制造现场管理人员的职责。

第三章 达成今天的生产

请注意这里！

掌握"现在"的状况
能掌握现在的作业状况吗？如果没有掌握到是哪项作业落后的话，就不能及时应对落后。

产品取用量大时
当然，也会出现取用量超出计划量的情况。所以，请优先应对作业落后，并让员工意识到"这种情况也要积极应对"。只有能及时应对紧急情况的管理，才能称之为"生产管理"。

重 点

制定应对落后的标准

- 公司内部能解决（即便要加班）时
- 有必要关注对客户造成的影响时
- 已经对客户造成影响时

此项内容，您达到何种程度了呢？

月/日	/	/	/	/
达成比例	%	%	%	%

库存管理能做到一目了然吗?

!! 库存品一目了然,这是最合适的管理方法。

关于库存品,如果能做到一目了然(什么东西有多少)的话,就能轻松地管控生产过多或生产落后,库存过多、过少也就不存在了。

请注意这里！

目视化
为了做到库存管理的"目视化"，可以说库存越少越好。也就是说，减少库存是实现库存管理"目视化"的第一步。在减少库存的同时，请制定一套能确认何种物品有多少的体系吧！

位置可视化的生产
想指出的是"库存位置用双眼就能看见，可以做到边确认边生产"。如果能达到这一状态，就能立即了解到生产过多或过少，也就能迅速应对了。在紧急情况下，能有最恰当的判断、措施，达到"位置可视化生产"，进而不断进行库存管理改善。

妥当保管
有一定保质期的产品，也有时间久了就会变质的产品（药品等）吧！像这样的材料，必须明确规定保管场地、保管方法，建立保管履历、档案。另外，对于危险物品等，请根据相关法律法规正确保管。

此项内容，您达到何种程度了呢？

月/日	/	/	/	/
达成比例	%	%	%	%

看样子就要延误交期了！当发生这种情况时,是否有可以依靠的救援队呢？

!! 平时就要制定应急体制。

遇到紧急情况时,是否有以人海战术就能解决的应急体制呢？不要只是个别处理,一定要确立切实可行的体系。

请注意这里！

"没有库存"是大前提

为不延误交期而保留库存——这就是所谓的通过预期生产来克服交期问题的想法。现在请马上放弃这种想法吧！"在需要之时，只要需要的"才是根本。要认识到库存过多是一种风险，并制定出不让后工序停止的体系。

公司内意见一致

应急体制的确立，不仅是现场，公司内部达成一致的意见也是不可缺少的。平时，请假定各种紧急情况，并构建出最适合公司内部运行的系统。

重点

制定应急体制

- ☐ 发生紧急情况时，社长也要上生产线
- ☐ 将应急体制视为第一位的方针规定下来
- ☐ 得到非本职部门人员的理解
- ☐ 制定一条生产线（工序），允许非本职部门人员支援

此项内容，您达到何种程度了呢？

月/日	/	/	/	/
达成比例	%	%	%	%

21

出现延误交期时,是否有能提前一点完成的方法?

!! 在核算之前,请考虑给对方一个答复,以博得信任。

一旦发生延误交期,首先,请给对方一个回复,以博得信任。短时间内将核算置之度外,并谋划更快的交期。

请注意这里!

紧急情况的准备
请务必严守交期。因此,必须做好紧急预案准备,并考虑延误交期时的处理方法。

信任第一
延误交期是不负责任的行为。首先要认识到这一点,并且要立即给对方一个答复,以博得信任。然后,想方设法尽早交货。如果只抓眼前的核算,只会失去最重要的信任。

重 点

向邮购行业学习如何应对客户投诉

- ☐ 不要认为应对投诉所花的费用是损失,而要看成是指导费
- ☐ 在所有业务中,请优先应对投诉
- ☐ 请理解客户希望尽早解决自己的投诉之心情
- ☐ 迅速采取对策,以免客户产生不信任感
- ☐ 必须知道随着时间的推移,就不再是担当者一个人的责任了
- ☐ 不要辩解和反驳
- ☐ 应优先应对未解决问题的客户,下一步才是讨论今后的对策
- ☐ 在整理对策之前,请给予周密的中途报告

此项内容,您达到何种程度了呢?

月/日	/	/	/	/
达成比例	%	%	%	%

在新产品投产前,研究过这项工作的开展方法了吗?

!! 在新产品开始时,需要对其进行特殊管理。

在新产品开始时,当然会遇到麻烦。请再三关注这一点,并对新产品实施特殊管理体制,以便遵守交期。

请注意这里!

事前进行教育训练
可以的话,在进入产品流动期之前,对作业人员进行有关新产品的教育训练。至少,要在事前认真说明注意要点。

运用一切办法
在开始新产品时,难免会发生作业效率低下、不良品频发等现象。而且,材料的采购也会延迟,经常会造成生产落后。应尽快认识到新产品是与平常不同的情况,并尽早考虑一切办法。特别是,不要疏忽了品质管理和交期管理。

重点

开始的要点

确保人员
生产准备
生产管理

此项内容,您达到何种程度了呢?

月/日	/	/	/	/
达成比例	%	%	%	%

第四章

面向未来的改善

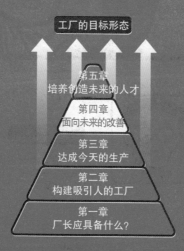

松本厂长

有创意,擅长数据管理。手册编写专家。宅男。

第四章 面向未来的改善

INDEX

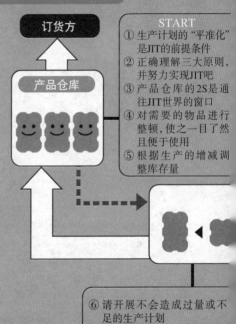

START
① 生产计划的"平准化"是JIT的前提条件
② 正确理解三大原则,并努力实现JIT吧
③ 产品仓库的2S是通往JIT世界的窗口
④ 对需要的物品进行整顿,使之一目了然且便于使用
⑤ 根据生产的增减调整库存量
⑥ 请开展不会造成过量或不足的生产计划
⑦ 从采购到交货,让产品的流动形成整流化
⑧ 工序间直接连接,不要发生卸货和搬运
⑨ 换模是实现JIT的关键

要想构建Just In Time的世界，
后拉式管理是很重要的

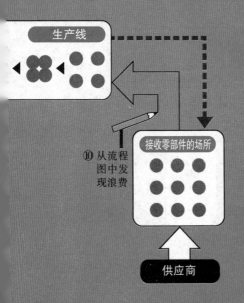

⑩ 从流程图中发现浪费

第四章　面向未来的改善

INDEX

前提条件

⑪ 在作业改善前，请彻底落实2S

准备

⑫ 只有能增加附加价值的「本质作业」才是真正的工作

提高作业效率的改善（作业改善）

⑬ 落实高效率的人员编制

⑭ 观察作业人员的动作，并不断改善，减少浪费

⑮ 抓住问题细节，了解详情是改善的第一步

⑯ 要实现高效率的工作方式，标准作业必不可少

⑰ 请亲自动手尝试，带头做现场工作

慢工出细活！
让我们从作业改善开始吧！

通过自动化进行改善

⑱ 若要实现机械化,就要让机器带有单人旁

⑲ 分开考虑「人的工作」和「机器的工作」

以少人化来改善

⑳ 要有计划地将作业人员培养成多能工

㉑ 规划设备时,请以一人操作多台设备为前提进行考虑

从经营角度改善

㉒ 让「改善人员」成为厂长的头脑

㉓ 要以研发高收益的加工技术为目标

第四章

面向未来的改善

构筑Just In Time 的世界

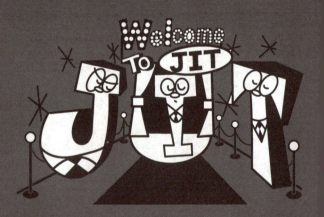

第四章 面向未来的改善

JIT（Just In Time）是消除一切浪费、提高生产效率的生产体系之一。

只有按照"需要的产品，在需要之时，只要需要的"进行生产、搬运，逐渐构筑JIT的世界，才能不断向理想的工厂迈进。

不管工厂的规模和资金状况如何，只要您真的下定决心要做JIT，马上就可以开始。在感慨"赚不到钱"之前，请立即行动吧！

让我们一起面向未来，不断进行改善吧！

1

生产计划是以平准化为基础制定的吗?

!! 生产计划的"平准化"是JIT的前提条件。

如果每天的产量都有很大差距的话,在此差距的最大值时,必须增加人或设备,这样浪费也就随之产生了。

实现JIT,要从制定差距小的生产计划开始。

第四章 面向未来的改善

请注意这里！

符合现场状况
一条生产线上生产多种产品时，先仔细观察，并制定出合理的生产计划才是重点。特别是在冲压加工等大型设备的工序中，当生产批量大小和其他工序相同时，换模是很困难的。重点是不管生产批量多大，都要尽量缩小它。而且，要不断在提高现场实力上下工夫。

一步一步进行平准化
平准化并不是指单纯地将数量进行平均分配。如果有实力，请努力做到真正的平准化（在规定的时间内，按一定的时间间隔生产多种产品）。

真正的平准化——将生产量、种类、时间、工作量等整体进行平均化。

重 点

平准化的开展步骤

第一步	先分配
第二步	综合考虑前工序、后工序
第三步	综合考虑量、质、时间、工作量等因素

此项内容，您达到何种程度了呢？

月/日	/	/	/	/
达成比例	%	%	%	%

您是在理解了JIT三大原则后再开始实施JIT的吗?

!! 正确理解三大原则,并努力实现JIT吧。

JIT有三个原则:"节拍时间"、"后工序领取"、"流水线生产"。请以确立此三原则为目标。

第四章 面向未来的改善

请注意这里！

节拍时间

按照"需要的东西,在需要之时,只要需要的"进行生产,是指在规定的时间(即节拍时间)内生产一个产品。因此,生产计划要求需要的生产数和时间能灵活对应。

节拍时间=每天的稼动时间(定时)/每天需要的数量

注:以现在的设备能力和作业人数为基础进行计算,生产一个产品所用的时间和"节拍时间"有差别吗?

后工序领取

确认从产品仓库发出的产品信息(种类和数量)→用此信息对最后一道工序下达指示,从前工序①中只领取最后一道工序交货的量进行加工→前工序①只从前工序②中领取最后一道工序所领用的量进行加工→前工序②……依次类推。也就是说,后工序按照"需要的东西,在需要之时,只要需要的"从前工序领取零件来进行生产是JIT的根本,通往前工序的生产计划始终是内部指示。

流水线生产

请建构"各工序没有库存,产品不停滞,逐个流动"的结构吧!

此项内容,您达到何种程度了呢?

月/日	/	/	/	/
达成比例	%	%	%	%

JIT的开始地点和产品仓库的2S是否缜密?

!! 产品仓库的2S是通往JIT世界的窗口。

"需要的产品只生产需要的量(只销售能卖出去的产品)",要构建这样的即时生产——JIT的世界,首先必须要做的是最接近客户的现场——产品仓库的2S。

第四章　面向未来的改善

请注意这里！

为什么从仓库开始

利润一般是指销售额减去成本（利润=售价×销售量－成本×生产量），如果只生产能销售的数量的话，就能将成本控制到最低。而清楚仓库中什么东西有多少，就是实现这一理想的第一步。

整理需要下定决心来处理

仓库杂乱的最大原因是长期保存着卖不出去的产品。"空间狭小→东西放置散乱→完全不知道什么东西放在什么地方"，因为有这样的恶性循环，所以重点是要下定决心处理。仓库的2S从这里开始。

整顿的窍门要易懂

在存放处运用分层区分的方法，以免不同物品混在一起。使用标示等方法，使哪里放了什么能一目了然（参照IV-4）。让仓库保持同一状态不是件简单的事。所以，需要定期维护。

重　点

管理步骤

第一步	以不同的物品编号来检查库存量
第二步	从出库实绩来设定处理标准
第三步	根据基准进行处理

此项内容，您达到何种程度了呢？

月/日	/	/	/	/
达成比例	%	%	%	%

按物品编号对存放处进行整顿,使之一目了然了吗?

!! 对需要的物品进行整顿,使之一目了然且便于使用。

将不需要的物品处理掉,使仓库中只留下需要的物品了吗?只有做好了这些,才能进入下一阶段——划分出各种物品的放置处。如果在哪里放着什么能做到一目了然的话,那么仓库的运营和管理也会变得很方便。

请注意这里！

决定存放地的号码
决定存放处时，首先，请划分出大致区域；接着，用板子将每列或柜子隔开；最后，用数字表示出各存放处的号码、编号，以便于理解。

存放处用大数字表示
存放处的号码要比物品编号大。要使物品的出入顺利进行，存放处易于理解是很重要的。

重　点

管理步骤

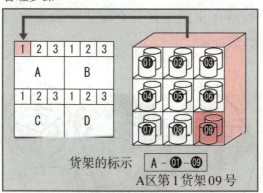

货架的标示　A - 01 - 09

A区第1货架09号

此项内容，您达到何种程度了呢？

月/日	/	/	/	/
达成比例	%	%	%	%

5

掌握了各种不同编号产品的库存量及其一天的产量了吗？

!! 根据生产的增减调整库存量。

掌握各编号产品的库存量和一天的产量是迈向JIT的第一步。同时，还要制作出用于区分仓库正常和异常的判断标准。

请注意这里！

表示出日产量
如果每天都要出货，就必须掌握各编号产品一天的出货总数。如果不是每天出货的产品，就要在存放处标出其一天的产量（容量/箱）。

日产量要每月变更
日产量的表示要根据每月的生产计划而变动。为了避免一直持续几个月前的状态，应制作月度汇总表，将各月产量合并记录。

减少剩余库存
如果不清楚各编号产品每天的产量，就无法知道仓库里的库存是几天的量。重点是要逐步减少库存。

重 点

管理步骤

> 表示到日产量为止的理由
>> 一看现场（仓库的场所）就知道库存是否合适

> 为便于理解，需做的事情
>> 根据每月生产计划的变动进行表示

此项内容，您达到何种程度了呢？

月/日	/	/	/	/
达成比例	%	%	%	%

6

牢固掌握从材料到出货为止的生产计划了吗？

!! 请开展不会造成过量或不足的生产计划。

要达成"需要的东西在需要之时只生产需要的量"这种生产模式，就要掌握正确的生产计划并管控好每天的生产。请对从材料管理到交货的整个过程进行考虑，实现顺利生产。

预期生产和计划生产就不值得一提了。

请注意这里！

迅速安排
生产计划的确定信息要在开始生产的上一个月底前取得，内部提出的非正式信息要在3个月前取得。一旦信息收集到手，就要迅速安排材料等事项。

恰当的进度管理
生产计划中的第一要项就是避免出现生产过量或不足。每月都要仔细盘库、整理，并收集正确的信息、及时修改计划等，以便进行恰当的进度管理。

确认实物
最理想的库存管理是依靠盘库完成的。不管是通过电脑还是书面方式进行，请尽量做到确认实物吧！请看着实物仔细检查，不良处理或成品率是否正确。

对慎用品要进行特殊管理
请仔细检查材料或零部件进货前所需天数，特别是在日程计划中有没有弄错。要对慎用品建立特殊管理体制，以免因安排错误造成停产。

此项内容，您达到何种程度了呢？

月/日	/	/	/	/
达成比例	%	%	%	%

7

从采购到生产、交货为止,产品没有停滞,并且顺畅地流动了吗?

!! 从采购到交货,让产品的流动形成整流化。

要构建JIT的世界,就需要构建出产品从采购、生产到交货的整个过程顺畅流动的结构——整流化。

要做到"需要的产品,在需要之时,只交需要的量"这样的交货模式,而采购过多、增加中途工序等待或产品库存,这是本末倒置。

第四章 面向未来的改善

请注意这里!

从采购到交货实现JIT

要交500个产品,刚好生产500个的话,库存就为0。如果只购买刚好能生产500个产品的材料,就不会有多余的材料。这就是JIT的理念,也是理想化的生产现场。

采购和生产批量相同

实际上,要做到"需要的产品,在需要之时,只交需要的量"这样的交货方式,就要求材料、产品都保持需要数量的库存。但是,要保留需要的数量,重点是要让从采购、生产到交货的整个流程顺利流通。首先,请从制定能让采购和生产批量相符的生产计划开始,推动产品的整流化吧!

考虑装货箱

尽量让要购入的零部件刚好与客户的容器成整数倍。这样就考虑到了防止组装工序中发生零数零部件。

重点

请让物品成一条直线流动吧!

此项内容,您达到何种程度了呢?

月/日	/	/	/	/
达成比例	%	%	%	%

工序间没有发生卸货和搬运吗?

!! 工序间直接连接,不要发生卸货和搬运。

经过多道工序才能完成一个产品时,如果各工序生产的数量太多或太少,都不能称之为JIT。

请建立这样的生产模式:让生产一种产品的工序直接连接,中途不发生卸货和搬运。

请注意这里！

各工序直接相连
比如，A、B、C三台机器能生产一种产品，这样在A、B、C三台机器之间就需要放置半成品的区域。而且还会产生这样的操作：完成一个工序后，将产品放下，再拿到下一个工序的机器上进行加工。如果将各工序直接连在一起，就可以省去放置区域和上述操作的浪费，最终缩短前置作业时间，而且可以将原来每个工序的生产计划变成一个工序的生产计划。

单笔加工的对应
工序间的直接连接，对单笔加工能发挥很大威力。请追踪成品率的不足之处，并以能适应少量多样的强大工厂制造为目标。

有效果的改善
要将多个工序并为一个工序，对设备间直接连接的改善是不可缺少的。开展这一项目虽然不是件简单的事情，但从总体上能够看出效果很好。

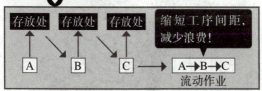

此项内容，您达到何种程度了呢？

月/日	/	/	/	/
达成比例	%	%	%	%

9

能做到快速且顺利地换模吗?

!! 换模是实现JIT的关键。

如果推行平准化,换模的次数就会增加。换模时间很长的话,平准化就不能实现。所以,如何缩短换模时间就成了重要的课题。

请注意这里!

不要让机器停止
换模应尽量在机器运转时进行。严格检查换模作业的各项目,讨论是否能"将内换模变为外换模"。

用2S进行完美的外换模
要将内换模降到最低,重点是2S(整理、整顿)。把作业效率放在首位,建立工具摆放场所、将工具接在机器上或者想出不需要工具的其他办法,像这样的改善才是真正的2S(只重视外观,却不能提高作业效率的2S是没有意义的)。

公开换模
开展换模速度和准确度的竞赛,对换模速度的提高很有效。公开开展评判换模动作的竞赛,能让作业人员在正式、紧张的情况下体验换模。没有紧张感是不能快速且顺利地完成换模的。

真正的紧张感
在"小批量生产"中,库存量很少时的换模是最有意义的。这种紧张感是任何事情都无法取代的一种训练方式,有助于实现JIT。

此项内容,您达到何种程度了呢?

月/日	/	/	/	/
达成比例	%	%	%	%

10

制作出从采购到交货这一整个流程中产品和信息的流程图了吗?

!! 从流程图中发现浪费。

请试着将产品和信息的流动(采购→现场作业→交货)画成图吧!通过此图,掌握整个流程,从而发现更广范围内的浪费(仅观察生产线发现不了的浪费)。

请注意这里！

掌握产品流动的全貌
采购、生产及交货,要做到"需要的东西,在需要之时,只要需要的",就要发现和减少从采购、生产到交货整个流程中的浪费。

记录下重要信息
请在产品信息流程图中清晰明了地记录下以产品为中心的重要信息(问题点等)。以JIT理念为基础,收集必要且准确的信息,并且经取舍选择后再进行整理是相当重要的。

抓住改善线索
请从流程图记录的信息中找出改善的线索吧！记录下作业流动线,当发现流动线交叉、杂乱等现象时,就表明存在动作浪费。将测出的搬运量和作业时间画入图中,就能看出作业的负荷情况。

记号的标准化
在制作产品信息流程图时,请使用标准记号,以便大家共享数据。

此项内容,您达到何种程度了呢?

月/日	/	/	/	/
达成比例	%	%	%	%

第四章

面向明天的改善

创造高效率的工作方式

高效率的工作方式是指"彻底消除浪费并且将成本控制到最低的一种现场体系"。彻底消除浪费是与提高产品品质和生产率、严格遵守交期相联系的。

首先,从各个角度观察现状,让问题显现出来。然后,马上着手那些能做到的改善措施,进而逐渐提高改善水平。

现在,立马就能开始改善吧。改善是永无止境的。比如:"每天不断发现问题并努力解决问题"、"让今天的效率比昨天更高,明天的效率比今天更好",这些都是改善。

已经彻底实施作业前的2S了吗?

!! 在作业改善前,请彻底落实2S。

作业改善是指消除不合理、不均匀、浪费等现象。

在没有彻底实施2S的环境下,不管实施怎样的对策都不会取得好成果。

因为彻底落实作业前的2S是作业改善的前提条件。

第四章 面向未来的改善

请注意这里！

作业时只放置需要的物品
如果作业人员在工作台上放置了与工作无关的物品,那么势必会影响工作的顺利进行。现在,请马上将不需要的物品撤掉吧!

物品放在最合适的位置了吗?
如果有妨碍工作的物品,就应检讨是否需要它。如果不需要的话,马上处理掉;如果需要,就把它放在最适合的位置吧!

深入思考
不能随意决定物品的位置和数量。若想创造一个便于工作的区域,重点是要进一步思考此物品"真的应该放在这里吗?""真的需要这么多数量吗?"

重　点

开展改善活动前要充分理解活动内容

事先说明为什么要改善、为什么要推行2S,让大家都充分理解

（例）
- 改善活动前的教育
- 举行动员会
- 运用公告板或公司内刊等方式向大家作宣传

彻底落实2S

推进作业改善

此项内容,您达到何种程度了呢?

月/日	/	/	/	/
达成比例	%	%	%	%

把作业人员动作中存在的"工作"和"浪费"区分开了吗？

> 只有能增加附加价值的"本质作业"才是真正的工作。

作业人员的动作有三种：①增加附加价值的"本质作业"（如：零部件加工等）；②作业准备——"附带作业"；③等待等产生的"浪费"。①中的"本质作业"才是真的工作，只有"本质作业"比率达到一定的高度才可称为高效率作业。

请注意这里!

浪费潜藏于动作中

人存在的浪费有：没有在工作——"等待浪费"、不必要的动作——"动作浪费"、在工序间来回搬运物品——"搬运浪费"等等。妨碍作业效率的浪费就潜藏在人的动作中。

库存——生产过多的浪费

花费劳力和时间生产出的有附加值的产品，如果卖不出去的话，就浪费了大量成本，这才是最大的浪费。库存（生产过多）是最需要消除的浪费，应当尽量将其降至为零。

重点

开展改善活动前要充分理解活动内容

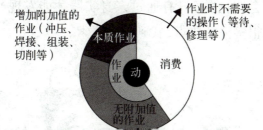

增加附加值的作业（冲压、焊接、组装、切削等）

作业时不需要的操作（等待、修理等）

虽然没有附加值，但在目前的条件下必须做的工作（搬运、安排、检查等）

此项内容，您达到何种程度了呢？

月/日	/	/	/	/
达成比例	%	%	%	%

厂长亲自去现场尝试过作业吗?

!! 请亲自动手尝试,带头做现场工作。

如果想提高现场的作业效率,首先,请亲自尝试作业吧!没有亲身实践是不会明白的,只有通过亲身实践才能发现很多注意要点,找到改善线索。

请注意这里!

探寻作业要点

在作业时,重点是要有想看透和领会作业的诀窍或要点、易弄错之处等的态度。正因为是自己一边思考、想办法,一边作业,才会想出新的改善方案。

真切地感受到改善的必要性

亲自尝试一下作业,竟然发现:零件很重、需要有力量、要集中注意力……只有真切地感受到了,才会理解作业中的辛苦和问题点。因此,才会思考"有更轻松的方法吗"、"有更好的方法吗",这样才会找到新的改善着眼点。如通过改善使作业更轻松,就能减少因作业慢或慌张而导致的错误。

是谁都会做的工作吗?

作业时,请检查"这是任何人都能做的工作吗",并且思考"应该怎么办才能让大家都会做"。在工作量变动时,也容易调整人员来应对。

此项内容,您达到何种程度了呢?

月/日	/	/	/	/
达成比例	%	%	%	%

规定作业标准,并且组织教育和要求大家遵守了吗?

!! 要实现高效率的工作方式,标准作业必不可少。

标准作业是以人的重复动作为中心,并考虑和机器的配合情况而制定出来的。标准作业是运行高效率作业时不可缺少的部分。

制定有效的作业标准,并向全公司开展教育训练,让大家都遵守。

第四章 面向未来的改善

请注意这里！

规定
标准作业是指为运行高效率的工作,而将主要作业人员重复进行的作业方法规定下来。它可以说是改善的源头。
要特别重视"节拍时间"、"作业顺序"、"标准持有量"。

教育
重点是要正确教导,以便"在规定的时间内,按照作业顺序"进行作业。要关注作业人员,并对他们进行重复、阶段性的指导,直至能够按顺序操作。

要求员工遵守
能根据教导的方式正确地进行操作的话,就不会出现漏加工或弄错,以及生产线停止的现象了。不要只是一个劲地教育,"要求员工遵守"才是重点。生产线停止,就说明还有很大的改善空间。

改善标准作业
确定作业标准后,定期审核内容,不断提高作业标准的精确度,就能进一步提高效率。

此项内容,您达到何种程度了呢?

月/日	/	/	/	/
达成比例	%	%	%	%

明确掌握现状及问题了吗？

!! 抓住问题细节，了解详情是改善的第一步。

在进行改善时，必须明确了解现状及问题是什么，在生产线的哪个部分会发生。

仔细观察生产线上的全体人员，并且彻底查清楚存在什么问题，这才是改善的第一步。

第四章 面向未来的改善

请注意这里!

观察前

观察前,先解决已明了的问题。如果没有在此基础上进行观察,只会以再确认一次已明白的事情而结束,这是没有任何意义的。请迅速地进行改善吧!

观察作业人员的动作

解决已经明了的问题、整顿工序,就能用秒表连续测出作业人员每个动作的时间。用摄像机拍摄下各作业人员的动作(速度快慢等),就可以仔细观察。这样就能检查各作业动作的细节,便于找出潜在的问题。

重 点

观察时的姿势

- 盯着一个地方看
- 盯 3 分钟
- 会看问题的双眼

此项内容,您达到何种程度了呢?

月/日	/	/	/	/
达成比例	%	%	%	%

您真正理解动作浪费了吗?

!! 观察作业人员的动作,并不断改善,减少浪费。

手动作业时,经常看到单手作业、空着手走动、等待等浪费。用摄像机拍摄成影像资料后,不断重复播放,仔细观察,发现问题后立即采取措施,切实做到减少浪费。

第四章　面向未来的改善

请注意这里！

寻找浪费的心得
要有物品运动1厘米,让时间缩短0.1秒的决心。

是最经济的动作吗?
观察作业人员的操作,看"其动作是否可称为工作"。也就是说,确认处于不工作的"等待"状态是怎样的。这是减少浪费的第一步。

是最合适的操作吗?
因为现场作业主要以手的作业为中心,所以必须观察作业人员手的动作。"是否存在动作过大的浪费"、"手是否伸向不合理的地方"、"是否因收集了过多的零部件等原因导致空间狭窄",请关注这些,确认其是否在最合适的范围内。

作业流程顺畅吗?
观察手的动作,就可发现"交换工具或零部件很浪费时间"、"完成一次循环动作后,进行下一次循环时,手没有回到运动开始的位置上"等浪费。

此项内容,您达到何种程度了呢?

月/日	/	/	/	/
达成比例	%	%	%	%

编制人员时,是以一个人工为单位的吗?

!! 落实高效率的人员编制。

无论是1个人工还是0.1个人工都是一个人。把零数人工集中起来,能实现高效率的人员编制。这也关系到(让问题显而易见的)改善。

请注意这里！

效率和能率
效率是指工作量和稼动时间之比，表示工作成果和总计成本之比。而能率是指"在一定时间内能加工多少个"，是用来评价生产率的。开展改善时，必须明确区分它们之间的不同。追求能率提高时，用所有的时间做够1个人工的工作，会造成"生产过多"的浪费。

考虑效率编制
以前所有的机器都在运转，每个岗位都在工作，而现在机器不处于全能率运转的状态，就出现很多岗位的工作都不到1个人工的现象。在定时分开负荷时间的岗位上，即使提高效率也会导致生产过多，所以应将工厂内分散的零数人工岗位在一定的范围内集合，编制成加班人员。在此基础上进行改善吧！

设定标准工作量
即使生产量变动，也不会在生产线上加入超出作业量所需人员是非常重要的。因此，必须设定以"此产品需要多长的加工时间"为轴心的标准工作量。

此项内容，您达到何种程度了呢？

月/日	/	/	/	/
达成比例	%	%	%	%

看透人和机器的工作,消除"等待"浪费了吗?

!! 分开考虑"人的工作"和"机器的工作"。

如果观察"作业人员和机器"的作业,便会发现很多时间作业人员都是在看着机器。

要提高实际作业比率,就必须将"人的工作"和"机器的工作"分开考虑。

请注意这里!

检查"人和机器"的工作

对于"机器负责自动加工,人则负责将零部件投入机器中"的情形,要特别关注"人和机器"的工作情况。特别是,请确认当作业人员完成手上的作业,并将机器打开进入自动加工状态后,他们在做什么?

认识等待的浪费

即便是自动运转的机器也有发生异常的时候,更何况是一直盯着机器的人呢。所以,"看"的动作纯粹是浪费时间。在这种情况下,加工工数(原指人工加工时数)就等于加工时间了。

有效利用等待时间

在"人和机器"同时作业的情况下,特别是经常发生等待时间时,在推动机器自动化的同时,有效地利用时间也是很重要的。

此项内容,您达到何种程度了呢?

月/日	/	/	/	/
达成比例	%	%	%	%

在机器上,附上单人旁("亻")了吗?

> !! 若要实现机械化,就要让机器带有单人旁。

一旦发生异常,机器会自动停止吗?

发生异常时,人不能及时采取措施,机器也不能自动停止,这就是没有带单人旁。

因为只有把自动的机器变成"自働"的机器("働"为日本自制的汉字——译注),才能为合理化做出贡献。

第四章 面向未来的改善

请注意这里！

认识单人旁
只是把人做的工作让机器做的话，确实能省力，却不能省人。只有达到和人一样的机能才能做到省人，达到真正的合理化。如果把自动机器变成"自働"机器的话，就能比人还要忠实地持续工作。

设定异常标准值
请把用肉眼很难判断的项目（如加工尺寸异常等）交给机器吧！设定异常的标准值，并设计出能测出异常的机器。

若发生异常，应立即停止
一旦发生异常，机器或生产线能自己感知到，及时做出判断，并停止作业。具备这样的功能是自働机器的首要条件。因此，重点是马上采取行动。

重 点

自働化的对象

- 加工工序（加工不良等）
- 查检工序（尺寸、缺货、经测量不符合规格等）
  ——尺寸
  ——缺货
  ——经测量不符合规格
- 搬运（重量不够等）
  零部件的提供（分散搬运等）

此项内容，您达到何种程度了呢？

月/日	/	/	/	/
达成比例	%	%	%	%

构建出能同时持有多台且易操作的生产线了吗?

!! 规划设备时,请以一人操作多台设备为前提进行考虑。

一个作业人员同时操作多台机器(即"持有多台"),这样才能提高效率。

包含机器的平面图和安装地点的设备规划,要以持有多台为前提进行考虑。

第四章 面向未来的改善

请注意这里！

从生产准备阶段开始

在生产准备时,"生产线的设备能力如何应对生产变动"是很重要的。这才可称作是生产技术的根本思想。是规划为专业生产线呢,还是维持在某种程度的广泛应用? 在考虑配置设计或机器能力的基础上,想出最恰当的方法吧! 因为此时的判断,很大程度上会左右作业效率。请认真考虑后期的事情后再做判断。

利用有小转弯的设备

如果生产难以运动,那将成为瓶颈,可能难以找到合适的结构。是做成广泛应用的生产线呢,还是移动的生产线? 不管怎样? 多利用小转弯的设备吧!

重　点

维持设备能力充裕的方法

> ○ 20%左右（10%是依靠改善增加）
> × 50%以上,过度充裕

此项内容,您达到何种程度了呢?

月/日	/	/	/	/
达成比例	%	%	%	%

将作业人员培养成多能工了吗?

!! 要有计划地将作业人员培养成多能工。

当发生紧急情况时,如能发挥多能工的作用,人员变动弹性将变小,这和少人化的效果是一样的。

有计划地培养多能工,能够提高效率。

请注意这里!

何谓多能工
多能工是指具备2种或2种以上难度较高的工序操作技能的作业人员。只是单纯地按作业顺序,能进行多台机器的工序作业,是不能称之为多能工的。

为培养多能工……
要想将作业人员培养成多能工,并掌握能提高职业技能的知识和技术,需要阶段性地、积极地教育。只教作业顺序的话,是不会具备高超能力的。

7:3的配置
平时要把多能工的工作按照70%做本职工作、30%从事其他工作的比例进行配置。这样的比例能够充分适应其他的工作,当发生紧急情况时,就可以按照这种配置来进行,将最容易的工序让新员工做,其他工序就让本职人员和多能工做。

重点

自动化的对象

能力盘点表

业务项目＼作业人员	A	B	C
车床的操作	⊕	⊕	⊕
安排、调整	⊕	⊕	⊕
测量尺寸	⊕	⊕	⊕

- ⊕ 根本不会做
- ◐ 会做一点
- ◑ 基本会做
- ● 能独自完成
- ⊕ 能教别人

此项内容,您达到何种程度了呢?

月/日	/	/	/	/
达成比例	%	%	%	%

留意其他公司开发的领先技术了吗?

> **!!** 要以研发高收益的加工技术为目标。

通过日复一日的改善,消除不合理、不均匀、浪费等现象。

同时,要怀有"进一步"、"更加"这样的气概,研发走在前列的加工技术。灵活的思维和挑战的精神能带来高效率,并且让自己的公司与其他公司有所差异。

请注意这里！

消除不合理、不均匀、浪费
配置或作业速度的不均匀是不合理和浪费所致的结果。消灭加工过程中发生的不合理、不均匀现象是提高品质和生产率不可或缺的一环。

让技术标准化
即使是加工同一产品，也会因加工技术的不同而导致品质的精确度不同。把技术精湛的人的技术标准化，谋求加工技术的提升吧！

省工序的想法
比如：将很多工厂都有的5个工序在不降低精确度的前提下整合成4个工序。您有这样的想法吗？不仅以高品质为目标，而且开发出在保持同样的精确度和性能的同时，能够实现缩短时间的技术也很重要。

重　点

在改善之前是"研发"

开发	能和其他公司保持差异
改善 ・加工方法：材料或加工形状的变更 ・工序：节省、缩短等	和其他公司完全不同是很难的

此项内容，您达到何种程度了呢？

月/日	/	/	/	/
达成比例	%	%	%	%

有能担任推动工厂改革工作的"改善人员"吗?

!! 让"改善人员"成为厂长的头脑。

要对工厂进行大改革,就一定要有能和厂长一起思考、一起行动的人才。

若想打破现状,请认真思考,不要认为"没有那样的人";不管有没有,一定要想办法。

第四章 面向未来的改善

请注意这里！

选择改善人员的方法
即使当下觉得力不从心，但是只要有干劲，肯花时间去掌握知识和技能，就一定能看到显著的成长。一旦发现有合适的人选，要把他从生产线上抽出来，给他一定的试用期。

准确的判断和行动
当实在找不到合适的人选时，就将社长拉进来吧！只要将您的热情告诉社长，他肯定会支持的。

重 点

选择要点

- 幕僚（期待他想办法、制作资料）
  ——从从事IE或QC的人员中选择
- 行动者（期待他的执行力）
  ——从从事设备保养等的队伍中选择

▼

如在公司内找不到合适人选的话就去公司外寻找

此项内容，您达到何种程度了呢？

月/日	/	/	/	/
达成比例	%	%	%	%

第五章

培养创造未来的人才

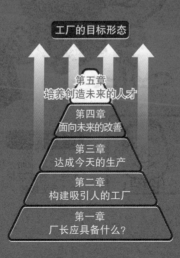

第五章 培养创造未来的人才

INDEX

培养创造未来的人才

干劲 存在感 UP!

技能 技术 UP!

厂长的技能提升

① 让人动起来的最大力量不是地位,而是人性
② 必要之时,请不要犹豫,要好好批评教育
③ 通过恰当的个人面谈来加深交流
④ 明确的指示和公正的评价能够培育出干劲和人才

领导力
亲和力
UP!

提高现场力的人才培养

⑤ 训练到能够领会并灵活管控工作现场的程度
⑥ 实行轮岗制度,以加深相互理解
⑦ 制造能够集中进行技能训练的机会
⑧ 实施长远的人才培养规划,培养出专家

构建能培养员工干劲的职场

⑨ 制定能激发干劲的人才教育制度
⑩ 创建一个全员参与的职场
⑪ 通过切实的教导来协助小团体活动

第五章

培养创造未来的人才

提高厂长的技能

的确,要创造未来,人才培养是不可缺少的,但首要任务是提高厂长自身的技能。

厂长要认识到自己必须是在工厂中排名第一的人才,要有上进心,不断努力提高技能。

站在教育的立场上,厂长要以基本技能为基础,才能谋求人性和指导能力。

请不要忘记人才是在尊重和信任的基础上培养出来的。

您没有利用自己的地位和权力要求部下工作吗?

!! 让人动起来的最大力量不是地位,而是人性。

让部下顺利地工作是厂长的职责。

请以具备说服力和魅力的厂长为目标,让员工高效率、主动地工作。

第五章　培养创造未来的人才

请注意这里！

磨炼心智、技术、知识
都说"孩子是以父母为榜样成长起来的"。所以，不要做一个只说不做的人。只有亲自苦心经营，不断磨炼心智、技术、知识的人，部下才会跟着学好。

请勿动摇方针，一定要完成
在使用领导权时，最重要的是要确立明确的目标达成方针，并且绝不动摇、努力完成。因此，一定要有充满热情的执著。

培养部下
培养部下的领导能力也是厂长的一项重要职责。在培养部下"为了厂长，一定要好好干"这样的心情时，一定要信任部下，并且慢慢增加委以重任的机会。

重　点

选择要点

磨炼心智——您所尊敬的人，为什么出色呢？在您的回答中不就有磨炼心智的暗示吗？
磨炼技能——也不必像专家那样技能达到极致，在充分掌握所有动作的同时，抓住各作业的方法和诀窍很重要。
磨炼知识——阅读专业书籍等，加深与业务相关的专业知识。另外，至少要浏览报纸，掌握社会的动向。

此项内容，您达到何种程度了呢？

月/日	/	/	/	/
达成比例	%	%	%	%

能做到带有情感，但又态度坚决地批评和责骂吗？

!! 必要之时，请不要犹豫，要好好批评教育。

能做到不情绪化地生气，而是饱含情感地批评部下吗？

要提高安全、品质、人际关系，既要擅长表扬，也要擅长批评。

请注意这里！

批评时不要发怒

批评是教导的一环。要认识到情绪化的生气是没有价值的。另外，如果有员工是因为为了提高全员士气而被领导批评，您就应该告诉他要事先向领导表达他的意思。总之，教导的基础是关爱。

批评年长者时

批评比自己年长的人是很困难的。但是，这也是工作。必要时，要态度坚决地批评。但是，批评时请不要忘记以谦虚的态度尊重年长者。

瞄准时机

批评时，时机是很重要的。基本上是当场批评，当即结束，不宜事后想起来再批评。
而且，"让员工思考、让员工做"也很重要。指导时，最好是能将危机变为转机。

重 点

批评方法

- 批评时，勿忘表扬
  ——不要以不好的事情结束，要对下一步的工作进行鼓励
- 表扬时当着大家的面，批评时要一对一
  ——尊重对方是基本原则
- 不要突然批评、责骂
  ——在指责是对方的错误后，要仔细倾听其解释原因

此项内容，您达到何种程度了呢？

月/日	/	/	/	/
达成比例	%	%	%	%

有正确传达厂长想法的场所吗?

!! 通过恰当的个人面谈来加深交流。

个人面谈是最大限度地激发组织力的有效手法。

加强交流,让厂长决定的目标和想法渗透到基层部下心中。

第五章 培养创造未来的人才

请注意这里！

认真倾听部下的话
倾听部下的意见比任何事都重要,千万不要插嘴、打断,只管倾听即可。之后,再进行交谈,说服部下。

清晰地传达意思
面谈是为了能更好地工作,是建立在相互理解的基础上的,在听部下说话的同时,必须让其明确为了达成目标应尽的职责。

留下发言记录
不要固执己见,也不要在不同的地方作出不同的承诺。请留下发言记录,以免事后对"说了"还是"没说"发生争执。

重点

面谈时的心得

- 勿受周围事物影响,可找一个会议室进行
- 面谈双方应斜对面坐着
  (面对面的话,容易紧张)
- 自己的身体和脸的高度应和部下一致
  (因为向上或向下看都会让人觉得有上下关系)
- 部下说话时,稍微靠向前方倾听
  (身体不要向后倾或往旁边看)
- 积极地作出反应,让对方知道你已经听到
  (点头或应答)
- 做笔记时,要得到对方的同意

此项内容,您达到何种程度了呢?

月/日	/	/	/	/
达成比例	%	%	%	%

4

对部下下达明确的指示,并进行公正的评价了吗?

!! 明确的指示和公正的评价能够培育出干劲和人才。

在抱怨部下前,请先回顾一下自己的成长过程。

您下达明确的指示了吗?评价公正吗?有没有转嫁责任?

请不断激发部下的干劲,并以理想中的厂长为目标。

第五章 培养创造未来的人才

请注意这里!

公正的评价

培养人才时,厂长最重要的工作就是公正地评价部下。公正地评价"谁为公司的目标做出贡献"、"谁按指示工作",这才是激发部下干劲的最大秘诀。

结果和过程

管理(或监督)者,对某些部下的评价,应把结果看作重点;对新手或临时工作评价时,应把他们的努力过程看作重点。为避免主观地进行评价,请从日常开始检查其态度、产量,并记录下来。

评价的传达方法

将评价结果告诉本人时,将优点明确表达出来。对于评价结果不好的人,不要忘了说句鼓励的话:"只要努力就能做到的。"

此项内容,您达到何种程度了呢?

月/日	/	/	/	/
达成比例	%	%	%	%

第五章

培养创造未来的人才

提高现场力的人才培养

要提高现场力,就必须把作业人员培养成"知道自己该做什么的人"。

同时,从长远角度考虑,一步一步实施"专家教育"。

培养人才不是件容易的事。

但是,一旦形成了螺旋式上升的话,就会"人才生人才"了。

尊重作业人员的人格,期待但不宜操之过急,并花时间耐心指导。

5

将正确的动作、行为训练成习惯了吗？

!! 训练到能够领会并灵活管控工作现场的程度。

要让作业人员在工作现场总能保持正确的行为动作，请不要错过时机不断进行多次指导。

这就是"活泼的现场"。不是说一次就不说了，而要不断进行教育和训练，直至掌握正确的行为动作。

第五章 培养创造未来的人才

请注意这里!

按照规章制度进行指导教育
根据正确的规章制度(作业→作业标准书、行动→行动规律)进行指导。

根据熟练程度进行指导
要做到无论何时、做多少次,都能按标准进行同样的动作或行动,反复训练是相当重要的。不要一次就结束了,请根据熟练程度进行相应的指导。

在不惜花时间的现场
发生变化、问题、异常等情况时,正是教育的好时机。不要错过此机会,厂长应该站在不惜花时间的现场。

重 点

问:当您和部下一起巡视工厂时,装零部件的盒子脱离了原来的位置,放到通道上去了。您和部下同时见到此情景,部下却若无其事,只顾往前走。此时,您将怎么做?

答:立即指导其将盒子放回原处。除此之外,没有任何答案。此状况是最佳时机,一定不要错过,当即指导定点定位的重要性。

此项内容,您达到何种程度了呢?

月/日	/	/	/	/
达成比例	%	%	%	%

作业人员是否明白其他岗位工作的难度和辛苦呢?

!! 实行轮岗制度,以加深相互理解。

有很多作业人员认为"其他的工序轻松多了"。要消除对人际关系产生不良影响的情绪,并加强相互理解,就必须明白其他岗位的工作。

第五章 培养创造未来的人才

请注意这里！

前工序，后工序
多能工在做完本岗位前、后工序后，便会发现各工序的重要性，并推动相互信任。另外，也能客观地看待本岗位的工作。当回到自己的岗位时，会更认真地工作。同时，能更多地考虑前工序和后工序。

轮岗
组成轮岗小组，并且每天做多岗位的工作，这样也能换换心情。即便是真的觉得"其他工序轻松多了"，通过适度的调节心情，在负责难度较大的工作时也不会觉得那是"负担"，反而会产生"自豪感"。

对支援紧急情况的理解
正因为平时加强了对其他工作的理解，当发生紧急情况时，就能顺利支援、合作。

此项内容，您达到何种程度了呢？

月/日	/	/	/	/
达成比例	%	%	%	%

7

以提高Q、C、D(品质、价格、交期)为目标,制造提高技能的机会了吗?

!! 制造能够集中进行技能训练的机会。

要提高Q、C、D,就必须提高作业人员的技能。

在鼓励自我启发的同时,还应提供离岗技能训练的机会。

第五章　培养创造未来的人才

请注意这里！

知道自己的能力

作业人员知道自己的能力吗？比如：通过开展寻找"产品缺点"的品质检验竞赛，就能让大家知道标准值，并判定自己的能力。从客观上了解自己目前的能力是与上进心相联系的。

竞赛等也很有效

以提高Q、C、D（品质、价格、交期）为目标，唤起作业人员的能力，一般会采用读书会、培训等方式，但是只有这些方式的话会缺乏趣味性。偶尔可以开展一下上面提到的竞赛。

设计研究道场

请考虑一下吧！准备好用于磨炼技能的器材，在工厂的一角设计一个研究道场，以便指导员能够有效地开展教育训练。

重　点

促进技能提升的竞赛

- 品质检验竞赛
- 捆包竞赛
- 拧螺丝竞赛
- 操作升降机竞赛
- 测量尺寸竞赛
- 换模竞赛

此项内容，您达到何种程度了呢？

月/日	/	/	/	/
达成比例	%	%	%	%

8

培养出能够发挥优秀技能的专家了吗?

!! 实施长远的人才培养规划,培养出专家。

要想获得高收益,就必须有优秀的技术能力。

要想让工厂中有技术人员和能提供优秀加工方法的人,就必须从长远角度考虑来培养优秀人才。

第五章 培养创造未来的人才

请注意这里！

长期的人才培养
培养人才是一项投资。不要追求一次性的效果,持续不断地坚持下去才有意义。站在长远的角度,明确目标,以很强的意志将计划立案并实施。

确保优秀人才
因为要培养将来能成为公司核心的骨干人员,就必须确保能担此重任的人才。

优秀的指导者
要把"人才"培养成"人财",就需要优秀的指导人员。从公司内外找到各领域的专家,以达成目的。

重点

识别优秀人才的方法

- ☐ 精神饱满
- ☐ 操作速度比其他人快
- ☐ 产品做得好,产量稳定
- ☐ 有很强的完成目标的意识
- ☐ 心、技术、身体全部到位

此项内容,您达到何种程度了呢?

月/日	/	/	/	/
达成比例	%	%	%	%

第五章

培养创造未来的人才

构建能培养员工干劲的职场

在培养未来的人才时,"有干劲"的车间是很重要的。

一个没有干劲或挫伤干劲的职场是不会培养出人才的。

关于"不能培养出人才"的原因,在分析作业人员的能力或适应性之前,请先考虑职场的存在形式吧!

每个人都是怀有上进心的,而且,要认识到这种上进心正是"干劲"的源泉。

请努力构建能够让每个人都感受到自己存在的车间吧!

9

"更加努力吧"、"勇敢前进吧",公司有这样的氛围吗?

> !! 制定能激发干劲的人才教育制度。

正如有很强动机的人一定能够把工作做好一样,请想尽办法确立人事评审制度、培养技能的教育训练制度。

以及支持员工,只有这样才能提高干劲。

第五章　培养创造未来的人才

请注意这里！

形成表扬努力的公司氛围

营造出这样的公司风气：为公司做出贡献的人、努力奋斗的人都可以得到表扬。首先，请设计出"社长奖"或"努力奖"等奖项。

丰富教育训练制度

如果不对努力进行回报，就不能激发员工想努力的心情。确立回报努力的人事制度等，丰富能助推有上进心、高目标的人的教育训练制度。区分层次（一般人员、管理人员），并且持续推进教育，才能真正加强工作动机。

重点

识别优秀人才的方法

- ☐ 厂长要认识到部下的努力
- ☐ 对每个人的努力进行公正的评价（有明确的评价标准）
- ☐ 大家都知道一个人的努力
- ☐ 对努力进行评价，并给予一定的奖赏
- ☐ 制造教育机会，提高员工的技能和经验
- ☐ 把公司的利益返还给公司员工

此项内容，您达到何种程度了呢？

月/日	/	/	/	/
达成比例	%	%	%	%

10

这是一个能让每个人都发挥存在感,并且全员参与的职场吗?

!! 创建一个全员参与的职场。

在生产制造现场,以各尽其责为基础。

因此,即便是小团体活动也要全员参与。

彻底实施全员参与,让每个人都能感受到自己的存在,并且向最强的职场挑战。

请注意这里!

提高参与策划的意识

即使是小团体活动,也能为全员达成目标贡献力量。明确认识到自己的职责,并且负起责任,这样才能提高参与策划的意识。

职责平均分担

职责分担必须平等,不能只托付给合得来的人或能干的人,而要让全员同等分担责任。制作出轮班表,事先公布就可以了。如果把所有的人召集起来,但是没有人发言或者只有特定的人员发言的话,就不能称之为全员参与。请教导大家要有"我的岗位"的意识,积极地发言。

重 点

全员参与
・不必在场
・即使不在场也要转达本人的想法

全员出席
・要在场
・虽然在场,却"没有发言",等于没参加

此项内容,您达到何种程度了呢?

月/日	/	/	/	/
达成比例	%	%	%	%

主动开展小团体活动了吗?

!! 通过切实的教导来协助小团体活动。

参与者不得已而展开的小团体活动是没有任何意义的,指导者自己要再一次认识到活动的初始目的,以正确的指导协助开展活跃、朝气蓬勃的活动。

第五章 培养创造未来的人才

请注意这里!

确认活动的目的
是否认为如果开展小团体活动就能解决问题?小团体活动的目的是提高各成员对工作的主动性,进而感受到自己的存在。过度期待会让人感觉有强制性,成员间的关系也会恶化。

根据不同水平进行不同指导
当所有成员的认识达到一定水平时,就需要能推动活动开展的指导。并且,到大家完全掌握前都需要进行基本指导。

评价的传递方式
活动的评价标准,不是结果而是配合度或成员参与策划的意识。在活动过程中要特别注意这些事项。

重 点

- ☐ 领导要坚定
- ☐ 领导要理解本质
- ☐ 总结成员的动态
- ☐ 要在充分理解各成员的职责后再推行活动
- ☐ 感受解决问题的快乐

此项内容,您达到何种程度了呢?

月/日	/	/	/	/
达成比例	%	%	%	%

后记

我们之所以编写本书,是因为当初的一个想法:希望能编写一本教科书,向大家传授"厂长的一天",告诉大家厂长的工作是怎样的。为实现这一想法,便特别邀请了(株式会社)丰田自动织机和(株式会社)电装的长年在职退休干部以及现场经验丰富的讲师,组成了一个团队,大家将各自的智慧、经验贡献出来,进入书籍的编写工作。虽说编写此书的所有人都有与汽车相关的现场工作经验,但每个人有每个人的观点。大家就"要教什么内容"而展开了激烈的讨论。最后得出以下一致的看法:

"要想成为一家能生产优质产品并且赚钱的企业,就必须在现场一丝不苟地彻底落实各项基本工作,并且充分发挥厂长的领导能力。"

以此为基础,我们开始描绘出参加

厂长培训课程的对象,编写课程内容,并几次向中小企业厂长进行调查,最后对所有资料进行整合,最终编写成此书。

在开发阶段,大家有很多意见,有人说"我想传达这项内容",也有人认为"这点一定要记住",内容不断增多,超出了"厂长的一天"这一主题,页数也比预想的要多出很多。

最终,我们选择了不管公司大小、不管行业类别都能使用,也易于理解的内容,但这并不是全部。书中还有很多未提及的内容或者未详细说明的部分,还望各位读者能够理解。

最后,希望本书能对厂长们有自我启发的作用。

2008月6日

"第一次 厂长培训班"授课老师(名古屋工业大学"厂长培训班"外聘讲师)

金田　隆　川口　勉　铃村忠司
中西　猛　鎌田一男　久米邦夫
塚本兼义　长野克纪

图书在版编目(CIP)数据

厂部长培训手册/〔日〕名古屋工业大学厂长培训部编;健峰企管集团 TPS 小组译. —上海:复旦大学出版社,2012.11(2024.4 重印)
ISBN 978-7-309-09250-9

Ⅰ.厂… Ⅱ.①名…②健… Ⅲ.企业管理-手册 Ⅳ.F270-62
中国版本图书馆 CIP 数据核字(2012)第 224853 号

The Ideal Factory Manager Handbook
Copyright © 2007
by
National University Corporation Nagoya Institute of Technology
~~~~~~~~~~~~~~~~~~~~~~~~~~~~~~~~
Simplified Chinese Translation in the People's Republic of China
Copyright © 2012
by
Vigor Management Technology Association (Ningbo) Co.,Ltd.
First published in 2012
For permission to publish this edition grateful acknowledgement is due to
National University Corporation Nagoya Institute of Technology
Printed in the People's Republic of China by Fudan University Press

本出版物的全部内容,未经书面授权许可,都禁止以任何形式复制、存储到任何信息检索系统,或通过电子、印刷、复印、刻录及其他途径转载。一切解释权归作者方所有。

厂部长培训手册
〔日〕名古屋工业大学厂长培训部 编
健峰企管集团 TPS 小组 译
责任编辑/岑品杰

复旦大学出版社有限公司出版发行
上海市国权路 579 号 邮编:200433
网址:fupnet@fudanpress.com http://www.fudanpress.com
门市零售:86-21-65102580 团体订购:86-21-65104505
出版部电话:86-21-65642845
上海新艺印刷有限公司

开本 787 毫米×960 毫米 1/32 印张 8 字数 83 千字
2024 年 4 月第 1 版第 6 次印刷

ISBN 978-7-309-09250-9/F·1871
定价:30.00 元

如有印装质量问题,请向复旦大学出版社有限公司出版部调换。
版权所有　　侵权必究